MW00990007

L'émancipation des femmes et la lutte de libération de l'Afrique

la lutte : The fight

L'émancipation des femmes et la lutte de libération de l'Afrique

Thomas Sankara

Pathfinder

NEW YORK   LONDRES   TORONTO   SYDNEY

ISBN 978-0-87348-994-2
Numéro de contrôle de la Bibliothèque du Congrès / Library of
Congress Control Number 2007943336
Imprimé aux États-Unis / Printed in the United States

Première édition : 2001
Deuxième édition : 2008

CONCEPTION GRAPHIQUE DE LA COUVERTURE : Toni Gorton
    et Eva Braiman

COUVERTURE : des femmes défilent lors du deuxième anniversaire
    de la révolution burkinabè, le 4 août 1985.
    (Photo : Pat Hunt / *The Militant*)

Pathfinder
www.pathfinderpress.com
Courriel : pathfinder@pathfinderpress.com

TABLE DES MATIÈRES

THOMAS SANKARA

De 1983 à 1987, Thomas Sankara est le dirigeant central de la révolution populaire et démocratique au Burkina Faso, anciennement la Haute-Volta, en Afrique de l'Ouest.

Né en 1949, Thomas Sankara entre à l'école militaire en 1966, l'une des rares avenues pour les jeunes de sa génération désirant faire des études supérieures. Alors qu'il poursuit sa formation militaire à Madagascar au début des années 70, il est profondément marqué par un soulèvement de masse des travailleurs et des étudiants qui renversé le gouvernement néocolonial du pays. Il y fait aussi connaissance du marxisme, par le biais d'étudiants qui ont participé au soulèvement pré-révolutionnaire de mai 1968 en France.

Lieutenant dans l'armée voltaïque, Sankara se fait connaître comme dirigeant militaire lors d'un conflit frontalier avec le Mali en décembre 1974 et janvier 1975. Au cours des années suivantes, il établit des liens avec de jeunes officiers et soldats insatisfaits des conditions oppressives qui prévalent dans le pays, conditions perpétuées par les dirigeants impérialistes de Paris et d'ailleurs avec le soutien des propriétaires terriens, hommes d'affaire, chefs tribaux et politiciens locaux.

Sankara est brièvement emprisonné en 1982 après avoir démissionné d'un poste gouvernemental en signe de protestation contre les politiques répressives du régime. Il est nommé premier ministre en janvier 1983 au lendemain d'un coup d'État. Il utilise cette tribune pour encourager la population de la Haute-Volta et des autres pays d'Afrique à défendre leurs intérêts contre les possédants du pays et de l'étranger qui les exploitent. Ce cours sans compromis conduit à un conflit croissant avec les forces proimpérialistes au sein du gouvernement. En mai 1983, le président Jean-Baptiste Ouédraogo fait arrêter Sankara et certains de ses partisans.

Le 4 août 1983, quelque 250 soldats marchent sur la capitale Ouagadougou depuis une base militaire insurgée située à Pô. Le régime de Jean-Baptiste Ouédraogo est renversé dans un soulèvement populaire. Thomas Sankara devient le président du nouveau Conseil national de la révolution, inaugurant quatre années d'activité révolutionnaire des paysans, des travailleurs, des femmes et des jeunes.

Thomas Sankara est assassiné et le gouvernement révolutionnaire renversé le 15 octobre 1987 dans un coup d'État dirigé par Blaise Compaoré.

N

| 0 | 150 | 300 KILOMÈTRES |
| 0 | 100 | 200 MILES |

Niger

✪ Niamey

Burkina Faso

✪ Bamako

✪ Ouagadougou

Mali

BOBO-DIOULASSO

Bénin

Togo

Côte d'Ivoire

Ghana

Nigeria

✪ Yamoussoukro

Porto-Novo

Lomé

Lagos

Accra

Abidjan

Océan Atlantique

Burkina Faso

✪ Capitales

Zone illustrée

A F R I Q U E

PRÉFACE

Ce qui suit sont les remarques faites par Mary-Alice Waters, présidente des éditions Pathfinder, lors de la présentation au Salon international du livre de La Havane en février 2002 de l'édition en espagnol de *L'émancipation des femmes et la lutte de libération de l'Afrique* de Thomas Sankara.

∿

Je vous remercie pour l'opportunité qui m'est offerte d'être parmi vous cet après-midi, non seulement pour présenter la nouvelle publication des éditions Pathfinder contenant le discours que Thomas Sankara a prononcé en 1987, *L'émancipation des femmes et la lutte de libération de l'Afrique*, mais aussi pour célébrer le nouveau livre des éditions Tricontinental sur les femmes au Mozambique.

En octobre 1983, il y a presque 20 ans, Thomas Sankara, alors dirigeant du gouvernement révolutionnaire populaire du Burkina Faso, a dit en esquissant les objectifs du nouveau pouvoir révolutionnaire :

« Les femmes et les hommes de notre société sont tous victimes de l'oppression et de la domination impérialistes. C'est pourquoi ils mènent le même combat. La révolution et la libération de la femme vont de pair. Et ce n'est pas un acte de charité ou un élan d'humanisme que de parler de l'émancipation de la femme. »

Dans un des pays les plus pauvres de l'Afrique de l'Ouest ravagée par l'impérialisme, avec le taux de mortalité infantile le plus élevé au monde, où l'analphabétisme chez les femmes atteignait 99 pour cent, Sankara a levé avec confiance la bannière de l'émancipation des femmes. Il a offert une explication scientifique et matérialiste des racines sociales et économiques de l'oppression des femmes dans la société de classe. Et il a promis l'appui du Conseil national de la révolution pour organiser et mobiliser les femmes dans la lutte pour changer leurs conditions de vie et les conditions de vie de tous les Burkinabè. Plus qu'une promesse, il s'agissait d'un cours d'action révolutionnaire qui, pendant les quatre années qui ont suivi, a donné un exemple non seulement à toute l'Afrique mais bien plus loin.

Fondateur du mouvement ouvrier moderne et un des défenseurs les plus intransigeants de la lutte pour l'égalité des femmes que le monde ait connu, Karl Marx a été l'un des premiers à faire du statut social des femmes une mesure du degré de progrès de toute société. C'est une des manifestations les plus frappantes du développement inégal et combiné de l'histoire qu'au milieu des années 80 du vingtième siècle, le Burkina Faso, un des pays les plus opprimés au monde, ait tout à coup pris sa place au sein de l'avant-garde révolutionnaire à l'échelle internationale.

Ce petit livre ne porte pas seulement sur la lutte pour l'égalité des femmes en Afrique, aussi important que soit cet objectif. Les perspectives présentées par Thomas Sankara appartiennent à ceux et celles qui luttent pour la dignité humaine partout, y compris dans les pays industriellement les plus développés comme les États-Unis et les plus avancés politiquement comme Cuba.

Une confirmation de ce fait, c'est l'accueil que cette brochure a reçu depuis que les éditions Pathfinder l'ont publiée en anglais il y a plus de dix ans. Bien plus de 7 000 exemplaires en ont été vendus, en plus de 6 000 exemplaires de *Thomas Sankara Speaks*, un large recueil en anglais de discours et d'entrevues de Sankara où le discours sur l'émancipation des femmes occupe une place importante. La majorité de tous ces exemplaires ont été vendues aux États-Unis et dans d'autres pays impérialistes.

Et on ne parle ici que de l'anglais. Avec la publication de ce discours en français et en espagnol cette année aussi, sa portée — son impact — seront beaucoup plus grands [1].

Les Jeunes socialistes de plusieurs pays qui ont apporté avec eux ce titre et d'autres livres révolutionnaires publiés par les éditions Pathfinder au Festival mondial de la jeunesse et des étudiants à Alger en août 2001 ont pu constater de façon immédiate cet impact croissant. Quand le mot a commencé à circuler parmi les délégations, en particulier de l'Afrique, beaucoup se sont mis à chercher les tables de littérature où ils pourraient en obtenir des exemplaires.

De même, dans les librairies Pathfinder et aux tables de rue dans les quartiers ouvriers des villes des centres impérialistes métropolitains — où des dizaines de milliers d'étudiants et de travailleurs de pays à travers l'Afrique se trouvent de plus en plus obligés d'émigrer à cause des conséquences inhumaines des lois qui régissent le fonctionnement du capital financier — nous avons constaté que les livres les plus demandés sont ceux de Thomas Sankara et des titres comme *Che Guevara parle aux jeunes* [en anglais et en espagnol] et le *Manifeste du parti communiste*. Quelle meilleure indication des vents nouveaux

---

1. Entre le début de 2002 et la fin de 2006, quelque 1 500 exemplaires de l'édition en espagnol ont été vendus, 1 150 de celle en français et 2 000 de celle en anglais.

qui soufflent parmi les nouvelles générations d'Afrique et d'ailleurs aujourd'hui ?

Pour terminer, je voudrais dire quelques mots sur les éditions Pathfinder mêmes, ce qui pourrait être nouveau pour certains d'entre vous ici aujourd'hui. Nous aimons dire que Pathfinder est né avec la révolution d'octobre 1917, parce que c'est à ce moment-là que nos prédécesseurs ont commencé à publier les discours et les écrits de Lénine et de ceux qui ont dirigé la première révolution socialiste et sont restés fidèles à son cours prolétarien internationaliste. Depuis 85 ans, nous n'avons eu qu'un seul objectif : publier et distribuer le plus largement possible les livres, brochures et revues nécessaires pour faire avancer la lutte pour la libération nationale et le socialisme.

Dans ce cadre, nous cherchons à permettre aux dirigeants révolutionnaires du monde entier de s'exprimer eux-mêmes et en leur propre nom. Les paroles de Thomas Sankara sont un bel exemple de la ligne de marche que nous nous efforçons de suivre.

Il semble particulièrement approprié de présenter cette édition en espagnol ici à Cuba, où des centaines de milliers de *compañeros* et *compañeras* ont des liens profonds et durables avec les luttes des peuples d'Afrique. Comme l'a dit Thomas Sankara, Cuba donne à l'Afrique et au monde un exemple « de courage, de volonté et du fait de toujours associer le peuple, le peuple, le peuple, à ce que l'on fait. » Nous aimerions remercier nos frères et soeurs des éditions Tricontinental qui ont rendu possible cette présentation conjointe et nous nous réjouissons d'avance de voir de telles occasions se reproduire dans le futur.

Mary-Alice Waters

INTRODUCTION

Le document au cœur de ce livre est un discours donné par Thomas Sankara lors d'un rassemblement de plusieurs milliers de femmes à Ouagadougou, la capitale du Burkina Faso, à l'occasion de la journée internationale des femmes le 8 mars 1987.

C'est un témoignage des gains réalisés par l'une des plus profondes révolutions de l'histoire de l'Afrique.

Le 4 août 1983, un soulèvement populaire dans le pays d'Afrique de l'Ouest alors connu comme la Haute-Volta — une ancienne colonie de la France et l'un des pays les plus pauvres du monde — a porté au pouvoir un gouvernement révolutionnaire populaire dont Thomas Sankara est devenu le président à l'âge de 33 ans. Un an plus tard, ce pays de sept millions d'habitants a été renommé le Burkina Faso, « le pays des hommes intègres. »

Au cours d'une période de quatre ans, le gouvernement révolutionnaire populaire mobilise les paysans, les travailleurs et les jeunes pour mettre en application des mesures économiques et sociales de grande ampleur, qui restreignent les droits et prérogatives de l'aristocratie terrienne et des riches marchands de la région. Il les appelle à se joindre aux travailleurs et paysans du reste du monde qui s'opposent à la domination impérialiste. Il initie des organisations de masse de paysans, d'artisans, de travailleurs, de jeunes, de femmes et d'« anciens ».

Avec un soutien populaire massif, le gouvernement abolit les redevances et les corvées versées aux chefs de village. Il nationalise la terre pour garantir aux travailleurs ruraux qui représentent quelque 90 pour cent de la population l'accès, comme agriculteurs productifs, au fruit de leur labeur. Il augmente le prix qu'il paie aux paysans pour les principales cultures vivrières. Il lance des projets d'irrigation et de plantation d'arbres pour accroître la productivité et stopper l'avancée de la zone désertique du Sahel dans le nord du pays. Il organise des campagnes de vaccination massives et rend accessibles à des millions de personnes des services de santé essentiels. En 1985, la mortalité infantile tombe à 145 pour 1 000 naissances vivantes comparativement à 208 au début de la décennie. Et en 1987, la propagation croissante de l'onchocercose ou cécité des rivières, une maladie transmise par des parasites, se voit stopper. Dans un pays où l'analphabétisme atteint 92 pour cent — et même plus à la campagne — le gouvernement lance des campagnes d'alphabétisation dans les langues locales. Il finance des travaux publics de construction de routes, d'écoles et de logements. Et confiant dans la justice de classe des travailleurs et des paysans, il met sur pied des tribunaux populaires révolutionnaires pour juger les anciens dirigeants et hauts fonctionnaires accusés de corruption.

Et ainsi que l'illustre le contenu de ce livre, à l'initiative de Sankara, le gouvernement révolutionnaire prend des mesures pour combattre la subjugation séculaire des femmes, qui sont encouragées à s'organiser pour lutter pour leur émancipation.

En août 1987, à l'occasion du quatrième anniversaire du soulèvement révolutionnaire au Burkina Faso, Thomas Sankara souligne : « La révolution populaire et démocratique a besoin d'un peuple de convaincus, et non pas d'un

peuple de vaincus, de soumis qui subissent leur destin. »
Un nombre croissant de travailleurs, de paysans et de jeunes issus des rangs d'un tel peuple s'impliquaient dans la
vie sociale et politique du Burkina Faso. Mais le 15 octobre
1987, le capitaine Blaise Compaoré dirige un coup d'État
servant les intérêts de ceux, dans le pays et à l'étranger,
dont les biens et la domination de classe sont menacés par
cette profonde mobilisation populaire. Sankara et 12 de
ses collaborateurs et gardes du corps sont assassinés et le
gouvernement révolutionnaire détruit.

Une semaine avant sa mort, lors d'une commémoration
spéciale dans la capitale Ouagadougou, Thomas Sankara a
parlé d'Ernesto Che Guevara, le dirigeant de la révolution
cubaine né en Argentine, à l'occasion du vingtième anniversaire de la mort de ce dernier au cours d'une mission
internationaliste en Bolivie. Parlant de l'héritage de Che
Guevara, il a dit : en tant qu'individus, les révolutionnaires
peuvent être tués ; mais « vous ne pouvez tuer les idées. »
Thomas Sankara est lui-même devenu un symbole pour
des millions de travailleurs, de paysans et de jeunes à travers l'Afrique en particulier qui voient dans la révolution
burkinabè — et dans son héritage politique toujours vivant — une source d'idées et d'inspiration politiques dans
la bataille pour la libération véritable du continent.

～

En plus du discours prononcé par Thomas Sankara le 8
mars 1987 à l'occasion de la journée internationale des
femmes, ce recueil contient aussi un extrait du document
programmatique fondamental de la révolution, le Discours
d'orientation politique, présenté par Thomas Sankara à la
population de tout le pays par le biais de la radio et de la
télévision peu après le triomphe de la révolution. Ces deux

documents sont reproduits de *Thomas Sankara parle*, un recueil de discours et entrevues de Thomas Sankara publié par les éditions Pathfinder.

S'appuyant sur son expérience de combattant révolutionnaire et sa compréhension matérialiste de l'histoire, Thomas Sankara explique ici les racines historiques de l'oppression des femmes et pourquoi les révolutionnaires doivent lutter pour l'éradiquer. Il porte une attention spéciale aux défis auxquels fait face la lutte pour l'émancipation des femmes en Afrique.

Le discours prononcé par Sankara en mars 1987 est une contribution durable à la lutte pour l'émancipation des femmes. Il est d'actualité aussi bien en Amérique du Nord et en Europe qu'en Afrique, et utile pour les femmes et les hommes qui luttent contre toutes les formes d'exploitation et d'oppression partout dans le monde.

∼

Thomas Sankara a forgé des liens de solidarité entre le Burkina Faso et les luttes révolutionnaires d'Amérique centrale et des Antilles. En 1986, il s'est adressé au nom de tous les invités internationaux à un rassemblement de 200 000 personnes soulignant le vingt-cinquième anniversaire du Front sandiniste de libération nationale.

Peu après l'assassinat de Sankara, Dorotea Wilson, dirigeante de la révolution qui a renversé en 1979 la dictature d'Anastasio Somoza et membre à l'époque de l'Assemblée nationale du Nicaragua, lui a rendu l'hommage suivant :

« En tant que femme nicaraguayenne, dont les racines ancestrales sont intimement liées à l'exploitation sans merci de millions de Noirs en Amérique latine et dans les Antilles, je considère de grande importance ce que Thomas Sankara a dit sur la situation des femmes dans son pays, dans son discours mémorable du 8 mars 1987. En plus d'y donner une explication des origines historiques de l'oppression des femmes, Sankara se réfère dans tout son discours à des exemples spécifiques du caractère *quotidien et intime* du machisme dans la société. Son discours n'est pas seulement une déclaration de principe. Il exprime aussi une compréhension profonde de la lutte des femmes et une solidarité militante avec elle – une lutte qui concerne et implique en effet tout l'humanité. »

La première édition en anglais de ce recueil a été publiée en brochure en mars 1990. Des éditions en français et en espagnol en sont parues en 2001. Cette nouvelle édition sous forme de livre est imprimée avec des caractères plus grands et plus lisibles. Elle comprend une nouvelle introduction, une nouvelle préface et un nouvel index qui aideront celles et ceux qui sont convaincus que les paroles de Thomas Sankara méritent d'être étudiées.

Michel Prairie
Juin 2007

Thomas Sankara s'adresse à plusieurs milliers de femmes à l'occasion de la journée internationale des femmes, le 8 mars 1987.

8 mars 1987

La révolution ne peut aboutir
sans l'émancipation des femmes

Il n'est pas courant qu'un homme ait à s'adresser à tant et tant de femmes à la fois. Il n'est pas courant non plus qu'un homme ait à suggérer à tant et tant de femmes à la fois les nouvelles batailles à engager. La première timidité de l'homme lui vient dès le moment où il a conscience qu'il regarde une femme. Aussi camarades militantes, vous comprendrez que malgré la joie et le plaisir que j'ai à m'adresser à vous, je reste quand même un homme qui regarde en chacune de vous la mère, la soeur ou l'épouse.

Je voudrais également que nos soeurs ici présentes venues du Kadiogo et qui ne comprennent pas le français — langue étrangère dans laquelle je vais prononcer mon discours — soient indulgentes à notre égard comme elles l'ont toujours été, elles qui, comme nos mères, ont accepté de nous porter pendant neuf mois sans rechigner. [*Sankara explique en mooré qu'une traduction sera offerte à ces femmes.*]

Camarades, la nuit de 4 août a accouché de l'oeuvre la plus salutaire pour le peuple burkinabè. Elle a donné à notre peuple un nom et à notre pays un horizon. Irradiés de la sève vivifiante de la liberté, les hommes burkinabè, humiliés et proscrits d'hier, ont reçu le sceau de ce qu'il y a de plus cher au monde : la dignité et l'honneur. Dès lors, le bonheur est devenu accessible et chaque jour nous marchons vers lui embaumés par les luttes, prémices qui témoignent des grands pas que nous avons déjà réalisés. Mais le bonheur égoïste n'est qu'illusion et nous avons une grande absente : la femme. Elle a été exclue de cette procession heureuse.

Si des hommes sont déjà à l'orée du grand jardin de la révolution, les femmes, elles, sont encore confinées dans leur obscurité dépersonnalisante, devisant bruyamment ou sourdement sur les expériences qui ont embrassé le Burkina Faso et qui ne sont chez elles pour l'instant que clameurs. Les promesses de la révolution sont déjà réalités chez les hommes. Chez les femmes par contre, elles ne sont encore que rumeurs. Et pourtant c'est d'elles que dépendent la vérité et l'avenir de notre révolution : questions vitales, questions essentielles puisque rien de complet, rien de décisif, rien de durable ne pourra se faire dans notre pays tant que cette importante partie de nous-mêmes sera maintenue dans cet assujettissement imposé durant des siècles par les différents systèmes d'exploitation.

Les hommes et les femmes du Burkina Faso doivent dorénavant modifier en profondeur l'image qu'ils se font d'eux-mêmes à l'intérieur d'une société qui non seulement détermine de nouveaux rapports sociaux, mais provoque une mutation culturelle en bouleversant les relations de pouvoir entre hommes et femmes et en condamnant l'un et l'autre à repenser la nature de chacun.

C'est une tâche redoutable mais nécessaire, puisqu'il s'agit de permettre à notre révolution de donner toute sa mesure, de libérer toutes ses possibilités et de révéler son authentique signification dans ces rapports immédiats, naturels, nécessaires, de l'homme et de la femme, qui sont les rapports les plus naturels de l'être humain à l'être humain. Voici donc jusqu'à quel point le comportement naturel de l'homme est devenu humain et jusqu'à quel point sa nature humaine est devenue sa nature.

Cet être humain, vaste et complexe conglomérat de douleurs et de joies, de solitude dans l'abandon et cependant berceau créateur de l'immense humanité ; cet être de souffrance, de frustration et d'humiliation, et pourtant source intarissable de félicité pour chacun de nous, lieu incomparable de toute affection, aiguillon des courages même les plus inattendus ; cet être dit faible mais incroyable force inspiratrice des voies qui mènent à l'honneur ; cet être, vérité charnelle et certitude spirituelle ; cet être-là, femmes, c'est vous ! Vous, berceuses et compagnes de notre vie, camarades de notre lutte et qui, de ce fait, en toute justice, devez vous imposer comme partenaires égales dans la convivialité des festins des victoires de la révolution.

C'est sous cet éclairage que tous, hommes et femmes, nous nous devons de définir et d'affirmer le rôle et la place de la femme dans la société. Il s'agit donc de restituer à l'homme sa vraie image en faisant triompher le règne de la liberté par delà les différenciations naturelles, grâce à la liquidation de tous les systèmes d'hypocrisie qui consolident l'exploitation cynique de la femme.

En d'autres termes, poser la question de la femme dans la société burkinabè d'aujourd'hui, c'est vouloir abolir le système d'esclavage dans lequel elle a été maintenue pendant des millénaires. C'est d'abord vouloir comprendre ce système dans son fonctionnement, en saisir la vraie nature

MARGRETHE SIEM/THE MILITANT

JUVENTUD REBELDE

« Le combat de la femme burkinabè, dit Thomas Sankara, rejoint le combat universel de toutes les femmes et au-delà, le combat pour la réhabilitation totale de notre continent. » **Haut**. Grévistes près de Johannesburg en Afrique du Sud, mars 1990. **Bas**. 1988. Membres du régiment féminin cubain d'artillerie anti-aérienne, déployé en Angola pour aider ce pays à se défendre contre l'invasion des troupes du régime suprématiste blanc de l'Afrique du Sud.

et toutes ses subtilités pour réussir à dégager une action susceptible de conduire à un affranchissement total de la femme.

Autrement dit, pour gagner un combat qui est commun à la femme et à l'homme, il importe de connaître tous les contours de la question féminine tant à l'échelle nationale qu'universelle et de comprendre comment, aujourd'hui, le combat de la femme burkinabè rejoint le combat universel de toutes les femmes et au delà, le combat pour la réhabilitation totale de notre continent. La condition de la femme est par conséquent le noeud de toute la question humaine — ici, là-bas, partout. Elle a donc un caractère universel.

La lutte de classe et le statut de la femme dans le monde

Nous devons assurément au matérialisme dialectique d'avoir projeté sur les problèmes de la condition féminine la lumière la plus forte, celle qui nous permet de cerner le problème de l'exploitation de la femme à l'intérieur d'un système généralisé d'exploitation. Celle aussi qui définit la société humaine non plus comme un fait naturel immuable, mais comme une antiphysis.

L'humanité ne subit pas passivement la puissance de la nature. Elle la prend à son compte. Cette prise en compte n'est pas une opération intérieure et subjective. Elle s'effectue objectivement dans la pratique, si la femme cesse d'être considérée comme un simple organisme sexué, pour prendre conscience au-delà des données biologiques de sa valeur dans l'action. En outre, la conscience que la femme prend d'elle-même n'est pas définie par sa seule sexualité. Elle reflète une situation qui dépend de la structure économique de la société, structure qui traduit le degré de l'évolution technique et des rapports entre classes auquel est parvenue l'humanité.

L'importance du matérialisme dialectique est d'avoir dépassé les limites essentielles de la biologie, d'avoir échappé aux thèses simplistes de l'asservissement à l'espèce pour introduire tous les faits dans le contexte économique et social. Aussi loin que remonte l'histoire humaine, l'emprise de l'homme sur la nature ne s'est jamais réalisée directement, le corps nu. La main avec son pouce préhensile déjà se prolonge vers l'instrument qui multiplie son pouvoir. Ce ne sont donc pas les seules données physiques — la musculature, la parturition par exemple — qui ont consacré l'inégalité de statut entre l'homme et la femme. Ce n'est pas non plus l'évolution technique en tant que telle qui l'a confirmée. Dans certains cas, et dans certaines parties du globe, la femme a pu annuler la différence physique qui la sépare de l'homme.

C'est le passage d'une forme de société à une autre qui justifie l'institutionnalisation de cette inégalité. Une inégalité sécrétée par l'esprit et par notre intelligence pour réaliser la domination et l'exploitation concrétisées, représentées et vécues désormais par les fonctions et les rôles auxquels nous avons soumis la femme. La maternité, l'obligation sociale d'être conforme aux canons de ce que les hommes désirent comme élégance empêchent la femme qui le désirerait de se forger une musculature dite d'homme.

Pendant des millénaires, du paléolithique à l'âge du bronze, les relations entre les sexes furent considérées par les paléontologues les plus qualifiés de complémentarité positive. Ces rapports demeurèrent pendant huit millénaires sous l'angle de la collaboration et de l'interférence, et non sous celui de l'exclusion propre au patriarcat absolu à peu près généralisé à l'époque historique.

[Friedrich] Engels a fait l'état de l'évolution des techniques, mais aussi de l'asservissement historique de la femme qui naquit avec l'apparition de la propriété privée, à la faveur du passage d'un mode de production à un autre, d'une organisation sociale à une autre.

Avec le travail intensif exigé pour défricher la forêt, faire fructifier les champs, tirer au maximum parti de la nature intervient la parcellisation des tâches. L'égoïsme, la paresse, la facilité, bref le plus grand profit pour le plus petit effort, émergent des profondeurs de l'homme et s'érigent en principes. La tendresse protectrice de la femme à l'égard de la famille et du clan devient le piège qui la livre à la domination du mâle. L'innocence et la générosité sont victimes de la dissimulation et des calculs crapuleux. L'amour est bafoué. La dignité est éclaboussée. Tous les vrais sentiments se transforment en objets de marchandage. Dès lors, le sens de l'hospitalité et du partage des femmes succombe à la ruse des fourbes.

Quoique consciente de cette fourberie qui régit la répartition inégale des tâches, elle, la femme, suit l'homme pour soigner et élever tout ce qu'elle aime. Lui, l'homme, surexploite tant de don de soi. Plus tard, le germe de l'exploitation coupable installe des règles atroces, dépassant les concessions conscientes de la femme historiquement trahie.

L'humanité connaît l'esclavage avec la propriété privée. L'homme maître de ses esclaves et de la terre devient aussi propriétaire de la femme. C'est là la grande défaite historique du sexe féminin. Elle s'explique par le bouleversement survenu dans la division du travail, du fait de nouveaux modes de production et d'une révolution dans les moyens de production.

Alors le droit paternel se substitue au droit maternel. La transmission du domaine se fait de père en fils et non plus de la femme à son clan. C'est l'apparition de la famille patriarcale fondée sur la propriété personnelle et unique du père, devenu chef de famille. Dans cette famille, la femme est opprimée. Régnant en souverain, l'homme assouvit ses caprices sexuels, s'accouple avec les esclaves ou hétaïres. Les femmes deviennent son butin et ses conquêtes de marché. Il tire profit de leur force de travail et jouit de la diversité du plaisir qu'elles lui procurent.

De son côté, dès que les maîtres rendent la réciproque possible, la femme se venge par l'infidélité. Ainsi le mariage se complète naturellement par l'adultère. C'est la seule défense de la femme contre l'esclavage domestique où elle est tenue. L'oppression sociale est ici l'expression de l'oppression économique.

Dans un tel cycle de violence, l'inégalité ne prendra fin qu'avec l'avènement d'une société nouvelle, c'est-à-dire lorsque hommes et femmes jouiront de droits sociaux égaux, issus de bouleversements intervenus dans les moyens de production ainsi que dans tous les rapports sociaux. Aussi le sort de la femme ne s'améliorera-t-il qu'avec la liquidation du système qui l'exploite.

De fait, à travers les âges et partout où triomphait le patriarcat, il y a eu un parallélisme étroit entre l'exploitation des classes et la domination des femmes. Certes avec des périodes d'éclaircies où des femmes, prêtresses ou guerrières, ont crevé la voûte oppressive. Mais l'essentiel, tant au niveau de la pratique quotidienne que dans la répression intellectuelle et morale, a survécu et s'est consolidé. Détrônée par la propriété privée, expulsée d'elle-même, ravalée au rang de nourrice et de servante, rendue inessentielle par les philosophies — Aristote, Pythagore et autres — et les religions les plus installées, dévalorisée par les mythes, la femme partageait le sort de l'esclave qui dans la société esclavagiste n'était qu'une bête de somme à face humaine.

Rien d'étonnant alors que, dans sa phase conquérante, le capitalisme pour lequel les êtres humains n'étaient que des chiffres ait été le système économique qui a exploité la femme avec le plus de cynisme et le plus de raffinement. C'était le cas, rapporte-t-on, chez ce fabricant de l'époque qui n'employait que des femmes à ses métiers à tisser mécaniques. Il donnait la préférence aux femmes mariées et parmi elles, à celles qui avaient à la maison de la famille à entretenir, parce qu'elles montraient beaucoup plus d'attention et de docilité que les célibataires. Elles travaillaient jusqu'à l'épuisement de leurs forces pour procurer aux leurs les moyens de subsistance indispensables. C'est ainsi que les qualités propres de la femme sont faussées à son détriment et que tous les éléments moraux et délicats de sa nature deviennent des moyens de l'asservir. Sa tendresse, l'amour de la famille, la méticulosité qu'elle apporte à son oeuvre sont utilisés contre elle, tout en se parant contre les défauts qu'elle peut avoir.

Ainsi, à travers les âges et à travers les types de sociétés, la femme a connu un triste sort : celui de l'inégalité toujours confirmée par rapport à l'homme. Que les manifestations de cette inégalité aient pris des tours et contours divers, cette inégalité n'en est pas moins restée la même.

Dans la société esclavagiste, l'homme esclave était considéré comme un animal, un moyen de production de biens et de services. La femme, quel que fut son rang, était écrasée à l'intérieur de sa propre classe et hors de cette classe, même pour celles qui appartenaient aux classes exploiteuses. Dans la société féodale, se basant sur la prétendue faiblesse physique ou psychologique des femmes, les hommes les ont confinées dans une dépendance absolue de l'homme. Souvent considérée comme objet de souillure ou principal agent d'indiscrétion, la femme — à de rares exceptions près — était écartée des lieux de culte. Dans la société capitaliste, la femme déjà moralement et socialement persécutée est également économiquement dominée. Entretenue par l'homme lorsqu'elle ne travaille pas, elle l'est encore lorsqu'elle se tue à travailler. On ne saurait jeter assez de lumière vive sur la misère des femmes, démontrer avec assez de force qu'elle est solidaire de celle des prolétaires.

La spécificité de l'oppression des femmes

Solidaire de l'homme exploité, la femme l'est. Toutefois, cette solidarité dans l'exploitation sociale dont hommes et femmes sont victimes et qui lie le sort de l'un et de l'autre à l'histoire ne doit pas faire perdre de vue le fait spécifique de la condition féminine. La condition de la femme déborde les entités économiques en singularisant l'oppression dont elle est victime. Cette singularité nous interdit d'établir des équations en nous abîmant dans les réductions faciles et infantiles. Sans doute, dans l'exploitation, la femme et l'ouvrier sont-ils tenus au silence. Mais dans le système mis en place, la femme de l'ouvrier doit un autre silence à son ouvrier de mari. En d'autres termes, à l'exploitation de classe qui leur est commune, s'ajoutent pour les femmes des relations singulières avec l'homme, relations d'opposition et d'agression qui prennent prétexte des différences physiques pour s'imposer.

Il faut admettre que l'asymétrie entre les sexes est ce qui caractérise la société humaine et que cette asymétrie définit des rapports souverains qui ne nous autorisent pas à voir d'emblée dans la femme, même au sein de la production économique, une simple travailleuse. Rapports privilégiés, rapports périlleux qui font que la question de la condition de la femme se pose toujours comme un problème.

L'homme prend donc prétexte de la complexité de ces rapports pour semer la confusion au sein des femmes et tirer profit de toutes les astuces de l'exploitation de classe pour maintenir sa domination sur les femmes. De cette même façon, ailleurs, des hommes ont dominé d'autres hommes parce qu'ils ont réussi à imposer l'idée selon laquelle au nom de l'origine de la famille et de la naissance, du droit divin, certains hommes étaient supérieurs à d'autres. D'où le règne féodal. De cette même manière, ailleurs, d'autres hommes ont réussi à asservir des peuples entiers, parce que l'origine et l'explication de la couleur de leur peau ont été une justification qu'ils ont voulue scientifique pour dominer ceux qui avaient le malheur d'être d'une autre couleur. C'est le règne colonial. C'est l'apartheid.

Nous ne pouvons pas ne pas être attentifs à cette situation des femmes, car c'est elle qui pousse les meilleures d'entre elles à parler de guerre de sexes alors qu'il s'agit d'une guerre de clans et de classes à mener ensemble dans la complémentarité, tout simplement. Mais il faut admettre que c'est bien l'attitude des hommes qui rend possible une telle oblitération des significations et autorise par là toutes les audaces sémantiques du féminisme dont certaines n'ont pas été inutiles dans le combat qu'hommes et femmes mènent contre l'oppression. Un combat que nous pouvons gagner, que nous allons gagner si nous retrouvons notre complémentarité, si nous nous savons nécessaires et complémentaires, si nous savons enfin que nous sommes condamnés à la complémentarité.

Pour l'heure, force est de reconnaître que le comportement masculin — fait de vanités, d'irresponsabilités, d'arrogances et de violences de toutes sortes à l'endroit de la femme — ne peut guère déboucher sur une action coordonnée contre l'oppression de celle-ci. Et que dire de ces attitudes qui vont jusqu'à la bêtise et qui ne sont en réalité qu'exutoires des mâles opprimés espérant, par leurs brutalités contre leurs femmes, récupérer pour leur seul compte une humanité que le système d'exploitation leur dénie. La bêtise masculine s'appelle sexisme ou machisme — toutes formes d'indigence intellectuelle et morale, voire d'impuissance physique plus ou moins déclarée qui obligent souvent les femmes politiquement conscientes à considérer comme un devoir la nécessité de lutter sur deux fronts.

Pour lutter et vaincre, les femmes doivent s'identifier aux couches et classes sociales opprimées : les ouvriers, les paysans, etc. Un homme, si opprimé soit-il, trouve un être à opprimer : sa femme. C'est là assurément affirmer une terrible réalité. Lorsque nous parlons de l'ignoble système de l'apartheid, c'est vers les Noirs exploités et opprimés que se tournent et notre pensée et notre émotion. Mais nous oublions hélas la femme noire qui subit son homme, cet homme qui, muni de son *passbook*, s'autorise des détours coupables avant d'aller retrouver celle qui l'a attendu dignement, dans la souffrance et dans le dénuement. Pensons aussi à la femme blanche d'Afrique du Sud, aristocrate, matériellement comblée sûrement, mais malheureusement machine de plaisir de ces hommes blancs lubriques qui n'ont plus pour oublier leurs forfaits contre les Noirs que leur enivrement désordonné et pervers de rapports sexuels bestiaux.

En outre, les exemples ne manquent pas d'hommes pourtant progressistes vivant allègrement d'adultère mais qui seraient prêts à assassiner leur femme rien que pour un soupçon d'infidélité. Ils sont nombreux chez nous, ces hommes qui vont chercher des soi-disant consolations dans les bras de prostituées et de courtisanes de toutes sortes. Sans oublier les maris irresponsables dont les salaires ne servent qu'à entretenir des maîtresses et enrichir des débits de boisson.

Et que dire de ces petits hommes, eux aussi progressistes, qui se retrouvent souvent dans une ambiance lascive pour parler des femmes dont ils ont abusé. Ils croient ainsi se mesurer à leurs semblables hommes, voire les humilier quand ils ravissent des femmes mariées. En fait, il ne s'agit là que de lamentables mineurs dont nous nous serions même abstenus de parler si leur comportement de délinquants ne mettait en cause et la vertu et la morale de femmes de grande valeur qui auraient été hautement utiles à notre révolution.

Et puis tous ces militants plus ou moins révolutionnaires — beaucoup moins révolutionnaires que plus — qui n'acceptent pas que leurs épouses militent ou ne l'acceptent que pour le militantisme de jour et seulement de jour ; qui battent leurs femmes parce qu'elles se sont absentées pour des réunions ou des manifestations de nuit. Ah ! ces soupçonneux, ces jaloux ! Quelle pauvreté d'esprit et quel engagement conditionnel, limité ! Car n'y aurait-il que la nuit qu'une femme déçue et décidée puisse tromper son mari ? Et quel est cet engagement qui veut que le militantisme s'arrête avec la tombée de la nuit, pour ne reprendre ses droits et ses exigences que seulement au lever du jour ?

Et que penser enfin de tous ces propos dans la bouche des militants plus révolutionnaires les uns que les autres sur les femmes ? Des propos comme « bassement matérialistes, profiteuses, comédiennes, menteuses, cancanières, intrigantes, jalouses, etc., etc. » Tout cela est peut-être vrai des femmes, mais sûrement aussi vrai pour les hommes. Notre société pourrait-elle pervertir moins que cela, lorsque avec méthode elle accable les femmes, les écarte de tout ce qui est sensé être sérieux, déterminant, c'est-à-dire au-dessus des relations subalternes et mesquines ?

Lorsque l'on est condamné comme les femmes le sont à attendre son maître de mari pour lui donner à manger et recevoir de lui l'autorisation de parler et de vivre, on n'a plus pour s'occuper et se créer une illusion d'utilité ou d'importance que les regards, les reportages, les papotages, les jeux de ferrailles, les regards obliques et envieux, suivis de médisance sur la coquetterie des autres et leur vie privée. Les mêmes attitudes se retrouvent chez les mâles placés dans les mêmes conditions.

Des femmes, nous disons également hélas qu'elles sont oublieuses. On les qualifie même de têtes de linottes. N'oublions jamais cependant qu'accaparée, voire tourmentée par l'époux léger, le mari infidèle et irresponsable, l'enfant et ses problèmes, accablée enfin par l'intendance de toute la famille, la femme dans ces conditions ne peut avoir que des yeux hagards qui reflètent l'absence et la distraction de l'esprit. L'oubli pour elle devient un antidote à la peine, une atténuation des rigueurs de l'existence, une protection vitale.

Mais des hommes oublieux, il y en a aussi et beaucoup. Les uns dans l'alcool et les stupéfiants, les autres dans diverses formes de perversité auxquelles ils s'adonnent dans la course de la vie. Cependant, personne ne dit jamais que ces hommes-là sont oublieux. Quelle vanité, quelles banalités ! Banalités dont ils se gargarisent pour marquer ces infirmités de l'univers masculin. Car l'univers masculin dans une société d'exploitation a besoin de femmes prostituées. Celles que l'on souille et que l'on sacrifie après usage sur l'autel de la prospérité d'un système de mensonges et de rapines ne sont que des boucs émissaires.

La prostitution n'est que la quintessence d'une société où l'exploitation est érigée en règle. Elle symbolise le mépris que l'homme a de la femme. De cette femme qui n'est autre que la figure douloureuse de la mère, de la sœur ou de l'épouse d'autres hommes, donc de chacun de nous. C'est en définitive le mépris inconscient que nous avons de nous-mêmes. Il n'y a de prostituées que là où existent des « prostitueurs » et des proxénètes.

Mais qui donc va chez la prostituée ?

Il y a d'abord des maris qui vouent leurs épouses à la chasteté pour décharger sur la prostituée leur turpitude et leurs désirs de stupre. Cela leur permet d'accorder un respect apparent à leurs épouses tout en révélant leur vraie nature dans le giron de la fille dite de joie. Ainsi sur le plan moral, on fait de la prostitution le symétrique du mariage. On semble s'en accommoder, dans les rites et coutumes, les religions et les morales. C'est ce que les pères de l'Église exprimaient en disant qu'« il faut des égouts pour garantir la salubrité des palais. »

Il y a ensuite les jouisseurs impénitents et intempérants qui ont peur d'assumer la responsabilité d'un foyer avec ses turbulences et qui fuient les charges morales et matérielles d'une paternité. Ils exploitent alors l'adresse discrète d'une maison close comme le filon précieux d'une liaison sans conséquences.

Il y a aussi la cohorte de tous ceux qui, publiquement du moins et dans les lieux bien pensants, vouent la femme aux gémonies. Soit par un dépit qu'ils n'ont pas eu le courage de transcender, perdant confiance ainsi en toute femme déclarée alors *instrumentum diabolicum*, soit également par hypocrisie pour avoir trop souvent et péremptoirement proclamé contre le sexe féminin un mépris qu'ils s'efforcent d'assumer aux yeux de la société dont ils ont extorqué l'admiration par la fausse vertu. Tous nuitamment échouent dans les lupanars de manière répétée jusqu'à ce que parfois leur tartuferie soit découverte.

Il y a encore cette faiblesse de l'homme que l'on retrouve dans sa recherche de situations polyandriques. Loin de nous toute idée de jugement de valeur sur la polyandrie, cette forme de rapports entre l'homme et la femme que certaines civilisations ont privilégiée. Mais dans les cas que nous dénonçons, retenons ces parcs de gigolos cupides et fainéants qu'entretiennent grassement de riches dames.

Dans ce même système, au plan économique, la prostitution peut confondre prostituée et femme mariée « matérialiste ». Entre celle qui vend son corps par la prostitution et celle qui se vend dans le mariage, la seule différence consiste dans le prix et la durée du contrat.

Ainsi en tolérant l'existence de la prostitution, nous ravalons toutes nos femmes au même rang, prostituées ou mariées. La seule différence est que la femme légitime tout en étant opprimée en tant qu'épouse bénéficie au moins du sceau de l'honorabilité que confère le mariage. Quant à la prostituée, il ne reste plus que l'appréciation marchande de son corps, appréciation fluctuant au gré des valeurs des bourses phallocratiques.

N'est-elle qu'un article qui se valorise ou se dévalorise en fonction du degré de flétrissement de ses charmes ? N'est-elle pas régie par la loi de l'offre et de la demande ? La prostitution est un raccourci tragique et douloureux de toutes les formes de l'esclavage féminin. Nous devons par conséquent voir dans chaque prostituée le regard accusateur braqué sur la société toute entière. Chaque proxénète, chaque partenaire de prostituée remue un couteau dans cette plaie purulente et béante qui enlaidit le monde des hommes et le conduit à sa perte. Aussi, en combattant la prostitution, en tendant une main secourable à la prostituée, nous sauvons nos mères, nos soeurs et nos femmes de cette lèpre sociale. Nous nous sauvons nous-mêmes. Nous sauvons le monde.

La condition de la femme au Burkina Faso

Si dans l'entendement de la société le garçon qui naît est un « don de Dieu, » la naissance d'une fille est accueillie sinon comme une fatalité, au mieux comme un présent qui servira à produire des aliments et à reproduire le genre humain.

Au petit homme l'on apprendra à vouloir et à obtenir, à dire et être servi, à désirer et prendre, à décider sans appel. À la future femme, la société, comme un seul homme — et c'est bien le lieu de le dire — assène, inculque des normes sans issue. Des corsets psychiques appelés vertus créent en elle un esprit d'aliénation personnelle, développent dans cette enfant la préoccupation de protection et la prédisposition aux alliances tutélaires et aux tractations matrimoniales. Quelle fraude mentale monstrueuse !

Ainsi, enfant sans enfance, la petite fille dès l'âge de trois ans devra répondre à sa raison d'être : *servir, être utile*. Pendant que son frère de quatre, cinq ou six ans jouera jusqu'à l'épuisement ou à l'ennui, elle entrera sans ménagement dans le processus de production. Elle aura déjà un métier : assistante ménagère. Occupation sans rémunération bien sûr, car ne dit-on pas généralement d'une femme à la maison qu'elle « ne fait rien » ? N'inscrit-on pas sur les documents d'identité des femmes non rémunérées la mention « ménagère » pour dire que celles-ci n'ont pas d'emploi ? Qu'elles « ne travaillent pas » ? Les rites et les obligations de soumission aidant, nos sœurs grandissent — de plus en plus dépendantes, de plus en plus dominées, de plus en plus exploitées, avec de moins en moins de loisirs et de temps libre.

Alors que le jeune homme trouvera sur son chemin les occasions de s'épanouir et de s'assumer, la camisole de force sociale enserrera davantage la jeune fille à chaque étape de sa vie. Pour être née fille, elle paiera un lourd tribut sa vie durant, jusqu'à ce que le poids du labeur et les effets de l'oubli de soi — physiquement et mentalement — la conduisent au jour du grand repos. Facteur de production aux côtés de sa mère — dès ce moment, plus sa patronne que sa maman — elle ne sera jamais assise à ne rien faire, jamais laissée oubliée à ses jeux et à ses jouets comme lui, son frère.

De quelque côté que l'on se tourne — du Plateau central au Nord-Est où les sociétés à pouvoir fortement centralisé prédominent, à l'Ouest où vivent des communautés villageoises au pouvoir non centralisé ou au Sud-Ouest, terroir des collectivités dites segmentaires — l'organisation sociale traditionnelle présente au moins un point commun : la subordination des femmes. Dans ce domaine, nos 8 000 villages, nos 600 000 concessions et notre million et plus de ménages observent des comportements identiques ou similaires. Ici et là, l'impératif de la cohésion sociale définie par les hommes est la soumission des femmes et la subordination des cadets.

Notre société — encore par trop primitivement agraire, patriarcale et polygamique — fait de la femme un objet d'exploitation pour sa force de travail et de consommation pour sa fonction de reproduction biologique. Comment la femme vit-elle cette curieuse double identité : celle d'être le noeud vital qui soude tous les membres de la famille, qui garantit par sa présence et son attention l'unité fondamentale et celle d'être marginalisée, ignorée ? Une condition hybride s'il en est, dont l'ostracisme imposé n'a d'égal que le stoïcisme de la femme. Pour vivre en harmonie avec la société des hommes, pour se conformer au diktat des hommes, la femme s'enferrera dans une ataraxie avilissante, négativiste, par le don de soi.

Femme source de vie, mais femme objet. Mère, mais servile domestique. Femme nourricière, mais femme alibi. Taillable aux champs et corvéable au ménage, cependant figurante sans visage et sans voix. Femme charnière, femme confluent, mais femme en chaînes. Femme ombre à l'ombre masculine.

Pilier du bien-être familial, elle est accoucheuse, laveuse, balayeuse, cuisinière, messagère, matrone, cultivatrice, guérisseuse, maraîchère, pileuse, vendeuse, ouvrière. Elle est une force de travail à l'outil désuet, cumulant des centaines de milliers d'heures pour des rendements désespérants.

Déjà aux quatre fronts du combat contre la maladie, la faim, le dénuement, la dégénérescence, nos soeurs subissent chaque jour la pression des changements sur lesquels elles n'ont point de prise. Lorsque chacun de nos 800 000 émigrants mâles s'en va, une femme assume un surcroît de travail. Ainsi, les deux millions de Burkinabè résidant hors du territoire national ont contribué à aggraver le déséquilibre du *sex ratio* qui, aujourd'hui, fait que les femmes constituent 51,7 pour cent de la population totale. De la population résidente potentiellement active, elles sont 52,1 pour cent.

Trop occupée pour accorder l'attention voulue à ses enfants, trop épuisée pour penser à elle-même, la femme continuera de trimer : roue de fortune, roue de friction, roue motrice, roue de secours, grande roue. Rouées et brimées, les femmes, nos soeurs et nos épouses, paient pour avoir donné la vie. Socialement reléguées au troisième rang après l'homme et l'enfant, elles paient pour entretenir la vie. Ici aussi, un tiers monde est arbitrairement arrêté pour dominer, pour exploiter.

Dominée et transférée d'une tutelle protectrice exploiteuse à une tutelle dominatrice et davantage exploiteuse. Première à la tâche et dernière au repos. Première au puits et au bois, au feu du foyer, mais dernière à étancher ses soifs. Autorisée à manger que seulement quand il en reste et après l'homme. Clé de voûte de la famille, tenant sur ses épaules, dans ses mains et par son ventre cette famille et la société, la femme est payée en retour d'idéologie nataliste oppressive, de tabous et d'interdits alimentaires, de surcroît de travail, de malnutrition, de grossesses dangereuses, de dépersonnalisation et d'innombrables autres maux qui font de la mortalité maternelle une des tares les plus intolérables, les plus indicibles, les plus honteuses de notre société.

Sur ce substrat aliénant, l'intrusion des rapaces venus de loin a contribué à fermenter la solitude des femmes et à empirer la précarité de leur condition. L'euphorie de l'indépendance a oublié la femme dans le lit des espoirs châtrés. Ségréguée dans les délibérations, absente des décisions, vulnérable (donc victime de choix), elle a continué de subir la famille et la société. Le capital et la bureaucratie ont été de la partie pour maintenir la femme subjuguée. L'impérialisme a fait le reste.

Scolarisées deux fois moins que les hommes, analphabètes à 99 pour cent, peu formées aux métiers, discriminées dans l'emploi, limitées aux fonctions subalternes, harcelées et congédiées les premières, les femmes sous les poids de cent traditions et de mille excuses ont continué de relever les défis successifs. Elles devaient rester actives, coûte que coûte, pour les enfants, pour la famille et pour la société. Au travers de mille nuits sans aurore.

Le capitalisme avait besoin de coton, de karité, de sésame pour ses industries. Et c'est la femme, ce sont nos mères qui en plus de ce qu'elles faisaient déjà se sont retrouvées chargées d'en réaliser la cueillette. Dans les villes, là où était sensée être la civilisation émancipatrice de la femme, celle-ci s'est retrouvée obligée de décorer les salons de bourgeois, de vendre son corps pour vivre ou de servir d'appât commercial dans les productions publicitaires.

Les femmes de la petite bourgeoisie des villes vivent sans doute mieux que les femmes de nos campagnes sur le plan matériel. Mais sont-elles plus libres, plus émancipées, plus respectées, plus responsabilisées ? Il y a plus qu'une question à poser, il y a une affirmation à avancer. De nombreux problèmes demeurent. Qu'il s'agisse de l'emploi ou de l'accès à l'éducation, qu'il s'agisse du statut de la femme dans les textes législatifs ou dans la vie concrète de tous les jours, la femme burkinabè demeure encore celle qui vient après l'homme et non en même temps.

Les régimes politiques néocoloniaux qui se sont succédés au Burkina n'ont eu de la question de l'émancipation de la femme que son approche bourgeoise, qui n'est que l'illusion de liberté et de dignité. Seules les quelques femmes de la petite bourgeoisie des villes étaient concernées par la politique à la mode de la condition féminine ou plutôt du féminisme primaire qui revendique pour la femme le droit d'être masculine. Ainsi la création du ministère de la Condition féminine dirigé par une femme fut-elle chantée comme une victoire.

Mais avait-on vraiment conscience de cette condition féminine ? Avait-on conscience que la condition féminine, c'est la condition de 52 pour cent de la population burkinabè ? Savait-on que cette condition était déterminée par les structures sociales, politiques, économiques et par les conceptions rétrogrades dominantes ? Et que par conséquent la transformation de cette condition ne saurait incomber à un seul ministère, fut-il dirigé par une femme ?

Cela est si vrai que les femmes du Burkina ont pu constater après plusieurs années d'existence de ce ministère que rien n'avait changé dans leur condition. Et il ne pouvait en être autrement dans la mesure où l'approche de la question de l'émancipation des femmes qui a conduit à la création d'un tel ministère alibi refusait de voir et de mettre en évidence, afin d'en tenir compte, les véritables causes de la domination et de l'exploitation de la femme. Aussi ne doit-on pas s'étonner que malgré l'existence de ce ministère, la prostitution se soit développée, que l'accès des femmes à l'éducation et à l'emploi ne se soit pas amélioré, que les droits civiques et politiques des femmes soient restés ignorés, que les conditions d'existence des femmes en ville comme en campagne ne se soient nullement améliorées.

Femme bijou, femme alibi politique au gouvernement, femme sirène clientéliste aux élections, femme robot à la cuisine, femme frustrée par la résignation et les inhibitions imposées malgré son ouverture d'esprit : quelle que soit sa place dans le spectre de la douleur, quelle que soit sa façon urbaine ou rurale de souffrir, elle souffre toujours.

Mais une seule nuit a porté la femme au coeur de l'essor familial et au centre de la solidarité nationale. Porteuse de liberté, l'aurore consécutive du 4 août 1983 lui a fait écho pour qu'ensemble, égaux, solidaires et complémentaires, nous marchions côte à côte, en un seul peuple. La révolution d'août a trouvé la femme burkinabè dans sa condition d'être assujetti et exploité par une société néocoloniale fortement influencée par l'idéologie des forces rétrogrades. Elle se devait de rompre avec la politique réactionnaire, prônée et suivie jusque-là en matière d'émancipation de la femme, en définissant de façon claire une politique nouvelle, juste et révolutionnaire.

Notre révolution et l'émancipation de la femme

Le 2 octobre 1983, le Conseil national de la révolution a clairement énoncé dans son Discours d'orientation politique l'axe principal du combat de libération de la femme. Il s'y est engagé à travailler à la mobilisation, à l'organisation et à l'union de toutes les forces vives de la nation — et de la femme en particulier.

Le Discours d'orientation politique précisait à propos de la femme : « Elle sera associée à tous les combats que nous aurons à entreprendre contre les diverses entraves de

Haut. Rassemblement au Burkina Faso pendant la révolution, en solidarité avec la lutte de libération de la Namibie, alors une colonie du régime raciste de l'apartheid en Afrique du Sud.
Bas. Milieu des années 1980. Tisserande à Bambore, Burkina Faso.

la société néocoloniale et pour l'édification d'une société nouvelle. Elle sera associée à tous les niveaux de conception, de décision et d'exécution dans l'organisation de la vie de la nation toute entière. Le but final de cette grandiose entreprise, c'est de construire une société libre et prospère où la femme sera l'égale de l'homme dans tous les domaines. »

Il ne peut y avoir de façon plus claire de concevoir et d'énoncer la question de la femme et la lutte émancipatrice qui nous attend. « La vraie émancipation de la femme, c'est celle qui responsabilise la femme, qui l'associe aux activités productrices, aux différents combats auxquels est confronté le peuple. La vraie émancipation de la femme, c'est celle qui force la considération et le respect de l'homme. »

Cela indique clairement, camarades militantes, que le combat pour la libération de la femme est avant tout votre combat pour le renforcement de la révolution démocratique et populaire. Cette révolution qui vous donne désormais la parole et le pouvoir de dire et d'agir pour l'édification d'une société de justice et d'égalité, où la femme et l'homme ont les mêmes droits et les mêmes devoirs. La révolution démocratique et populaire a créé les conditions d'un tel combat libérateur. Il vous appartient désormais d'agir en toute responsabilité pour, d'une part, briser toutes les chaînes et entraves qui asservissent la femme dans les sociétés arriérées comme la nôtre et pour, d'autre part, assumer la part de responsabilité qui est la vôtre dans la politique d'édification de la société nouvelle au profit de l'Afrique et au profit de toute l'humanité.

Aux premières heures de la révolution démocratique et populaire, nous le disions déjà : « L'émancipation tout comme la liberté ne s'octroie pas, elle se conquiert. Et il incombe aux femmes elles-mêmes d'avancer leurs revendications et de se mobiliser pour les faire aboutir. » Ainsi notre révolution a non seulement précisé l'objectif à atteindre dans la question de la lutte d'émancipation de la femme, mais elle a également indiqué la voie à suivre, les moyens à mettre en oeuvre et les principaux acteurs de ce combat.

Voilà bientôt quatre ans que nous oeuvrons ensemble, hommes et femmes, pour remporter des victoires et avancer vers l'objectif final. Il nous faut avoir conscience des batailles livrées, des succès remportés, des échecs subis et des difficultés rencontrées pour davantage préparer et diriger les futurs combats. Quelle oeuvre a été réalisée par la révolution démocratique et populaire dans l'émancipation de la femme ? Quels atouts et quels handicaps ?

L'un des principaux acquis de notre révolution dans la lutte pour l'émancipation de la femme a été sans conteste la création de l'Union des femmes du Burkina. La création de cette organisation constitue un acquis majeur parce qu'elle a permis de donner aux femmes de notre pays un cadre et des moyens sûrs pour victorieusement mener le combat. La création de l'UFB est une grande victoire parce qu'elle permet le ralliement de l'ensemble des femmes militantes autour d'objectifs précis, justes, pour le combat libérateur, sous la direction du Conseil national de la révolution.

L'UFB est l'organisation des femmes militantes et responsables, déterminées à travailler pour transformer [la réalité], à se battre pour gagner, à tomber et retomber, mais à se relever chaque fois pour avancer sans reculer. C'est là une conscience nouvelle qui a germé chez les femmes du Burkina et nous devons tous en être fiers. Camarades militantes, l'Union des femmes du Burkina est votre organisation de combat. Il vous appartient de l'affûter davantage pour que ses coups soient plus tranchants et vous permettent de remporter toujours et toujours des victoires.

Les différentes initiatives que le gouvernement a pu entreprendre depuis un peu plus de trois ans pour l'émancipation de la femme sont certainement insuffisantes, mais elles ont permis de faire un bout du chemin au point que notre pays peut se présenter aujourd'hui à l'avant-garde du combat libérateur de la femme. Nos femmes participent de plus en plus aux prises de décision, à l'exercice effectif du pouvoir populaire. Les femmes du Burkina sont partout où se construit le pays. Elles sont sur les chantiers : le [projet d'irrigation de la vallée du] Sourou, le reboisement, la vaccination commando, les opérations « villes propres, » la bataille du rail, etc.

Progressivement, les femmes du Burkina prennent pied et s'imposent, battant ainsi en brèche toutes les conceptions phallocratiques et passéistes des hommes. Et il en sera ainsi jusqu'à ce que la femme au Burkina soit partout présente dans le tissu social et professionnel. Notre révolution durant les trois ans et demi a oeuvré à l'élimination progressive des pratiques dévalorisantes de la femme, telles que la prostitution et les pratiques avoisinantes comme le vagabondage et la délinquance des jeunes filles, le mariage forcé, l'excision et les conditions de vie particulièrement difficiles de la femme.

En contribuant à résoudre partout le problème de l'eau, en contribuant aussi à l'installation des moulins dans les villages, en vulgarisant les foyers améliorés, en créant des garderies populaires, en pratiquant la vaccination au quotidien, en incitant à l'alimentation saine, abondante et variée, la révolution contribue sans nul doute à améliorer les conditions de vie de la femme burkinabè. Aussi, celle-ci doit-elle s'engager davantage dans l'application des mots d'ordre anti-impérialistes, à produire et consommer burkinabè en s'affirmant toujours comme un agent économique de premier plan — producteur comme consommateur des produits locaux.

La révolution d'août a sans doute beaucoup fait pour l'émancipation de la femme, mais cela est pourtant loin d'être satisfaisant. Il nous reste beaucoup à faire. Pour mieux réaliser ce qu'il nous reste à faire, il nous faut davantage être conscients des difficultés à vaincre. Les obstacles et les difficultés sont nombreux. Et en tout premier lieu l'analphabétisme et le faible niveau de conscience politique, toutes choses accentuées encore par l'influence trop grande des forces rétrogrades dans nos sociétés arriérées. Ces deux principaux obstacles, nous devons travailler avec persévérance à les vaincre. Car tant que les femmes n'auront pas une conscience claire de la justesse du combat politique à mener et des moyens à mettre en oeuvre, nous risquons de piétiner et finalement de régresser.

C'est pourquoi l'Union des femmes du Burkina devra pleinement jouer le rôle qui est le sien. Les femmes de l'UFB doivent travailler à surmonter leurs propres insuffisances, à rompre avec les pratiques et le comportement qu'on a toujours dit propres aux femmes et que malheureusement nous pouvons vérifier encore chaque jour par les propos et comportements de nombreuses femmes. Il s'agit de toutes ces mesquineries comme la jalousie, l'exhibitionnisme, les critiques incessantes et gratuites, négatives et sans principe, le dénigrement des unes par les autres, le subjectivisme à fleur de peau, les rivalités, etc. Une femme révolutionnaire doit vaincre de tels comportements qui sont particulièrement accentués chez celles de la petite bourgeoisie. Ils sont de nature à compromettre tout travail de groupe, alors même que le combat pour la libération de la femme est un travail organisé qui a besoin par conséquent de la contribution de l'ensemble des femmes.

Ensemble, nous devons toujours veiller à l'accès de la femme au travail — ce travail émancipateur et libérateur qui garantira à la femme l'indépendance économique, un plus grand rôle social et une connaissance plus juste et plus complète du monde.

Notre entendement du pouvoir économique de la femme doit se départir de la cupidité vulgaire et de la crasse avidité matérialiste qui font de certaines femmes des bourses de valeurs spéculatrices, des coffres-forts ambulants. Il s'agit de ces femmes qui perdent toute dignité, tout contrôle et tout principe dès lors que le clinquant des bijoux se manifeste ou que le craquant des billets se fait entendre. De ces femmes, il y en a malheureusement qui conduisent des hommes aux excès d'endettement, voire de concussion, de corruption. Ces femmes sont de dangereuses boues gluantes, fétides, qui nuisent à la flamme révolutionnaire de leurs époux ou compagnons militants. De tristes cas existent où des ardeurs révolutionnaires ont été éteintes et où l'engagement du mari a été détourné de la cause du peuple par une femme égoïste et acariâtre, jalouse et envieuse.

L'éducation et l'émancipation économique, si elles ne sont pas bien comprises et utilement orientées, peuvent être sources de malheur pour la femme, donc pour la société. Recherchées comme amantes, épousées pour le meilleur, elles sont abandonnées dès que survient le pire. Le jugement répandu est impitoyable pour elles : l'intellectuelle se « place mal » et la richissime est suspecte. Toutes sont condamnées à un célibat qui ne serait pas grave s'il n'était pas l'expression même d'un ostracisme diffus de toute une société contre des personnes, victimes innocentes parce qu'elles ignorent tout de leur « crime » et de leur « tare », frustrées parce que chaque jour est un éteignoir à une affectivité qui se mue en acariâtrie ou en hypocondrie. Chez beaucoup de femmes, le grand savoir a provoqué des déboires et la grande fortune a nourri bien des infortunes.

La solution à ces paradoxes apparents réside dans la capacité des malheureuses instruites ou riches à mettre au service de leur peuple leur grande instruction, leurs grandes richesses. Elles n'en seront que plus appréciées, voire adulées par tant et tant de personnes à qui elles auront apporté un peu de joie. Comment alors pourraient-elles se sentir seules dans ces conditions ? Comment ne pas connaître la plénitude sentimentale lorsque l'on a su faire de l'amour de soi et de l'amour pour soi, l'amour de l'autre et l'amour des autres ?

Nos femmes ne doivent pas reculer devant les combats multiformes qui conduisent une femme à s'assumer pleinement, courageusement et fièrement afin de vivre le bonheur d'être elle-même et non pas la domestication d'elle par lui. Aujourd'hui encore, et pour beaucoup de nos femmes, s'inscrire sous le couvert d'un homme demeure le quitus le plus sûr contre le qu'en-dira-t-on oppressant. Elles se marient sans amour et sans joie de vivre, au seul profit d'un goujat, d'un falot démarqué de la vie et des luttes du peuple. Bien souvent des femmes exigent une indépendance sourcilleuse, réclamant en même temps d'être protégées, pire, d'être sous le protectorat colonial d'un mâle. Elles ne croient pas pouvoir vivre autrement.

Non ! Il nous faut redire à nos sœurs que le mariage, s'il n'apporte rien à la société et s'il ne les rend pas heureuses, n'est pas indispensable et doit même être évité. Au contraire, montrons-leur chaque jour les exemples de pionnières hardies et intrépides qui dans leur célibat, avec ou sans enfants, sont épanouies et radieuses pour elles, débordantes de richesses et de disponibilité pour les autres. Elles sont même enviées par les mariées malheureuses pour les sympathies qu'elles soulèvent, le bonheur qu'elles tirent de leur liberté, de leur dignité et de leur serviabilité.

Les femmes ont suffisamment fait la preuve de leurs capacités à entretenir une famille, à élever des enfants, à être en un mot responsables sans l'assujettissement tutélaire d'un homme. La société a suffisamment évolué pour que cesse le bannissement injuste de la femme sans mari. Révolutionnaires, nous devons faire en sorte que le mariage soit un choix valorisant et non pas cette loterie où l'on sait ce que l'on dépense au départ mais rien de ce que l'on va gagner. Les sentiments sont trop nobles pour tomber sous le coup du ludisme.

Une autre difficulté réside aussi sans aucun doute dans l'attitude féodale, réactionnaire et passive de nombreux hommes qui continuent de par leur comportement à tirer en arrière. Ils n'entendent pas voir remettre en cause des dominations absolues sur la femme, au foyer ou dans la société en général. Dans le combat pour l'édification de la société nouvelle qui est un combat révolutionnaire, ces hommes de par leurs pratiques se placent du côté de la réaction et de la contre-révolution. Car la révolution ne saurait aboutir sans l'émancipation véritable des femmes.

Nous devons donc, camarades militantes, avoir clairement conscience de toutes ces difficultés pour mieux affronter les combats à venir. La femme tout comme l'homme possède des qualités mais aussi des défauts et c'est là sans doute la preuve que la femme est l'égale de l'homme. En mettant délibérément l'accent sur les qualités de la femme, nous n'avons pas d'elle une vision idéaliste. Nous tenons simplement à mettre en relief ses qualités et ses compétences que l'homme et la société ont toujours occultées pour justifier l'exploitation et la domination de la femme.

Comment allons-nous nous organiser pour accélérer la marche en avant vers l'émancipation ?

Nos moyens sont dérisoires mais notre ambition, elle, est grande. Notre volonté et notre conviction fermes d'aller de l'avant ne suffisent pas pour réaliser notre pari. Il nous faut rassembler nos forces, toutes nos forces, les agencer, les coordonner dans le sens du succès de notre lutte.

Depuis plus de deux décennies, l'on a beaucoup parlé d'émancipation dans notre pays, l'on s'est beaucoup ému. Il s'agit aujourd'hui d'aborder la question de l'émancipation de façon globale, en évitant les fuites des responsabilités qui ont conduit à ne pas engager toutes les forces dans la lutte et à faire de cette question centrale une question marginale ; en évitant également les fuites en avant qui laisseraient loin derrière ceux et surtout celles qui doivent être en première ligne.

Au niveau gouvernemental, guidé par les directives du Conseil national de la révolution, un plan d'action cohérent en faveur des femmes, impliquant l'ensemble des départements ministériels, sera mis en place afin de situer les responsabilités de chacun dans des missions à court et moyen termes. Ce plan d'action, loin d'être un catalogue de vœux pieux et autres apitoiements, devra être le fil directeur de l'intensification de l'action révolutionnaire. C'est dans le feu de la lutte que les victoires importantes et décisives seront remportées.

Ce plan d'action devra être conçu par nous et pour nous. De nos larges et démocratiques débats devront sortir les audacieuses résolutions pour réaliser notre foi en la femme. Que veulent les hommes et les femmes pour les femmes ? C'est ce que nous dirons dans notre plan d'action. Le plan d'action, de par l'implication de tous les départements

Haut. Des combattantes défilent à Ouagadougou en août 1985.
Bas. Une villageoise broie du millet, mai 1983.

ministériels, se démarquera résolument de l'attitude qui consiste à marginaliser la question de la femme et à déresponsabiliser des responsables qui, dans leurs actions quotidiennes, auraient dû et auraient pu contribuer de façon significative à la résolution de la question.

Cette nouvelle approche multidimensionnelle de la question de la femme découle de notre analyse scientifique de son origine, de ses causes et de son importance dans le cadre de notre projet d'une société nouvelle, débarrassée de toutes formes d'exploitation et d'oppression. Il ne s'agit point ici d'implorer la condescendance de qui que ce soit en faveur de la femme. Il s'agit d'exiger, au nom de la révolution qui est venue pour donner et non pour prendre, que justice soit faite aux femmes.

Désormais l'action de chaque ministère, de chaque comité d'administration ministériel sera jugée en fonction des résultats atteints dans le cadre de la mise en oeuvre du plan d'action, au-delà des résultats globaux usuels. À cet effet, les résultats statistiques comporteront nécessairement la part de l'action entreprise qui a bénéficié aux femmes ou qui les a concernées. La question de la femme devra être présente à l'esprit de tous les décideurs à tout instant, à toutes les phases de la conception, de l'exécution des actions de développement. Car concevoir un projet de développement sans la participation de la femme, c'est ne se servir que de quatre doigts quand on en a dix. C'est donc courir à l'échec.

Au niveau des ministères chargés de l'éducation, on veillera tout particulièrement à ce que l'accès des femmes à l'éducation soit une réalité, cette réalité qui constituera un pas qualitatif vers l'émancipation. Tant il est vrai que partout où les femmes ont accès à l'éducation, la marche vers l'émancipation s'est trouvée accélérée. La sortie de la nuit de l'ignorance permet en effet aux femmes d'exprimer et d'utiliser les armes du savoir pour se mettre à la disposition de la société. Du Burkina Faso devraient disparaître toutes les formes ridicules et rétrogrades qui faisaient que seule la scolarisation des garçons était perçue comme importante et rentable, alors que celle de la fille n'était qu'une prodigalité.

L'attention des parents pour les filles à l'école devra être égale à celle accordée aux garçons qui font toute leur fierté. Car non seulement les femmes ont prouvé qu'elles étaient égales à l'homme à l'école quand elles n'étaient pas tout simplement meilleures, mais surtout elles ont droit à l'école pour apprendre et savoir — pour être libres. Dans les futures campagnes d'alphabétisation, les taux de participation des femmes devront être relevés pour correspondre à leur importance numérique dans la population, car ce serait une trop grande injustice que de maintenir une si importante fraction de la population, la moitié de celle-ci, dans l'ignorance.

Au niveau des ministères chargés du travail et de la justice, les textes devront s'adapter constamment à la mutation que connaît notre société depuis le 4 août 1983, afin que l'égalité en droits entre l'homme et la femme soit une réalité tangible. Le nouveau code du travail en cours de confection et de débat devra être l'expression des aspirations profondes de notre peuple à la justice sociale et marquer une étape importante dans l'oeuvre de destruction de l'appareil néocolonial — un appareil de classe qui a été façonné et modelé par les régimes réactionnaires pour pérenniser le système d'oppression des masses populaires et notamment des femmes.

Comment pouvons-nous continuer d'admettre qu'à travail égal, la femme gagne moins que l'homme ? Pouvons-nous admettre le lévirat et la dot réduisant nos soeurs et nos mères au statut de biens vulgaires qui font l'objet de tractations[1] ? Il y a tant et tant de choses que les lois moyenâgeuses continuent encore d'imposer à notre peuple, aux femmes de notre peuple. C'est juste qu'enfin justice soit rendue.

Au niveau des ministères chargés de la culture et de la famille, un accent particulier sera mis sur l'avènement d'une mentalité nouvelle dans les rapports sociaux, en collaboration étroite avec l'Union des femmes du Burkina. La mère et l'épouse sous la révolution ont des rôles spécifiques importants à jouer dans le cadre des transformations révolutionnaires. L'éducation des enfants, la gestion correcte des budgets familiaux, la pratique de la planification familiale, la création d'une ambiance familiale, le patriotisme sont autant d'atouts importants devant contribuer efficacement à la naissance d'une morale révolutionnaire et d'un style de vie anti-impérialiste, prélude à une société nouvelle.

La femme dans son foyer devra mettre un soin particulier à participer à la progression de la qualité de la vie. En tant que Burkinabè, bien vivre, c'est bien se nourrir, c'est bien s'habiller avec les produits burkinabè. Il s'agira d'entretenir un cadre de vie propre et agréable, car l'impact de ce cadre sur les rapports entre les membres d'une même famille est très important. Un cadre de vie sale et vilain engendre des rapports de même nature. Il n'y a qu'à observer les porcs pour s'en convaincre.

Et puis la transformation des mentalités serait incomplète si la femme de type nouveau devait vivre avec un homme de type ancien. Le réel complexe de supériorité des hommes sur les femmes, où est-il le plus pernicieux mais le plus déterminant si ce n'est dans le foyer où la mère,

---

1. Le lévirat est un mariage où, avec divers degrés de contrainte, la veuve doit épouser un frère du défunt.

complice et coupable, organise sa progéniture d'après des règles sexistes inégalitaires ? Ce sont les femmes qui perpétuent le complexe des sexes, dès les débuts de l'éducation et de la formation du caractère.

Par ailleurs à quoi servirait notre activisme pour mobiliser le jour un militant si la nuit, le néophyte devait se retrouver aux côtés d'une femme réactionnaire démobilisatrice !

Que dire des tâches de ménage, absorbantes et abrutissantes, qui tendent à la robotisation et ne laissent aucun répit pour la réflexion ! C'est pourquoi des actions doivent être résolument entreprises en direction des hommes et dans le sens de la mise en place, à grande échelle, d'infrastructures sociales telles que les crèches, les garderies populaires et les cantines. Elles permettront aux femmes de participer plus facilement au débat révolutionnaire, à l'action révolutionnaire. L'enfant qui est rejeté comme le raté de sa mère ou monopolisé comme la fierté de son père devra être une préoccupation pour toute la société et bénéficier de son attention et de son affection. L'homme et la femme au foyer se partageront désormais toutes les tâches du foyer.

Le plan d'action en faveur des femmes devra être un outil révolutionnaire pour la mobilisation générale de toutes les structures politiques et administratives dans le processus de libération de la femme. Camarades militantes, je vous le répète : afin qu'il corresponde aux besoins réels des femmes, ce plan fera l'objet de débats démocratiques au niveau de toutes les structures de l'UFB.

L'UFB est une organisation révolutionnaire. À ce titre, elle est une école de démocratie populaire régie par les principes organisationnels que sont la critique et l'autocritique, le centralisme démocratique. Elle entend se démarquer des organisations où la mystification a pris le pas sur les objectifs réels. Mais cette démarcation ne sera effective et permanente que si les militantes de l'UFB engagent une lutte résolue contre les tares qui persistent encore, hélas, dans certains milieux féminins. Car il ne s'agit point de rassembler des femmes pour la galerie ou pour d'autres arrière-pensées démagogiques — électoralistes ou simplement coupables.

Il s'agit de rassembler des combattantes pour gagner des victoires. Il s'agit de se battre en ordre et autour des programmes d'activités arrêtés démocratiquement au sein de leurs comités, dans le cadre de l'exercice bien compris de l'autonomie organisationnelle propre à chaque structure révolutionnaire. Chaque responsable UFB devra être imprégnée de son rôle dans sa structure afin de pouvoir être efficace dans l'action. Cela impose à l'Union des femmes du Burkina d'engager de vastes campagnes d'éducation politique et idéologique de ses responsables, pour le renforcement sur le plan organisationnel des structures de l'UFB à tous les niveaux.

Camarades militantes de l'UFB, votre union — notre union — doit participer pleinement à la lutte des classes aux côtés des masses populaires. Les millions de consciences endormies qui se sont réveillées à l'avènement de la révolution représentent une force puissante. Nous avons choisi au Burkina Faso, le 4 août 1983, de compter sur nos propres forces, c'est-à-dire en grande partie sur la force que vous représentez, vous les femmes. Vos énergies doivent, pour être utiles, être toutes conjuguées dans le sens de la liquidation des races des exploiteurs, de la domination économique de l'impérialisme. En tant que structure de mobilisation, l'UFB devra forger au niveau des militantes une conscience politique aiguë, pour un engagement révolutionnaire total dans l'accomplissement des différentes actions entreprises par le gouvernement pour l'amélioration des conditions de la femme.

Camarades de l'UFB, ce sont les transformations révolutionnaires qui vont créer les conditions favorables à votre libération. Vous êtes doublement dominées par l'impérialisme et par l'homme. En chaque homme somnole un féodal, un phallocrate qu'il faut détruire. Aussi, est-ce avec empressement que vous devez adhérer aux mots d'ordre révolutionnaires les plus avancés pour en accélérer la concrétisation et avancer encore plus vite vers l'émancipation. C'est pourquoi le Conseil national de la révolution note avec joie votre participation intense à tous les grands chantiers nationaux et vous incite à aller encore plus loin pour un soutien toujours plus grand à la révolution d'août, qui est avant tout la vôtre.

En participant massivement aux grands chantiers, vous vous montrez d'autant plus méritantes que l'on a toujours voulu, à travers la répartition des tâches au niveau de la société, vous confiner dans des activités secondaires, alors que votre apparente faiblesse physique n'est rien d'autre que la conséquence des normes de coquetterie et de goût que cette même société vous impose parce que vous êtes des femmes.

Chemin faisant, notre société doit se départir des conceptions féodales qui font que la femme non mariée est mise au ban de la société, sans que nous ne percevions clairement que cela est la traduction de la relation d'appropriation qui veut que chaque femme soit la propriété d'un homme. C'est ainsi que l'on méprise les filles-mères comme si elles étaient les seules responsables de leur situation, alors qu'il y a toujours un homme coupable. C'est ainsi que les femmes qui n'ont pas d'enfants sont opprimées du fait de croyances surannées, alors que cela s'explique scientifiquement et peut être vaincu par la science.

La société a par ailleurs imposé aux femmes des canons de coquetterie qui portent préjudice à son intégrité physique : l'excision, les scarifications, les taillages de dents, les perforations des lèvres et du nez. L'application de ces normes de coquetterie reste d'un intérêt douteux. Elle compromet même la capacité de la femme à procréer et sa vie affective dans le cas de l'excision. D'autres types de mutilations, pour moins dangereuses qu'elles soient comme le perçage des oreilles et le tatouage, n'en sont pas moins une expression du conditionnement de la femme, conditionnement imposé à elle par la société pour pouvoir prétendre à un mari. Camarades militantes, vous vous soignez pour mériter un homme. Vous vous percez les oreilles et vous vous labourez le corps pour être acceptées par des hommes. Vous vous faites mal pour que le mâle vous fasse encore plus mal !

Femmes, mes camarades de luttes, c'est à vous que je parle.

Vous qui êtes malheureuses en ville comme en campagne.

Vous qui ployez sous le poids des fardeaux divers de l'exploitation ignoble, « justifiée et expliquée » en campagne.

Vous qui en ville êtes sensées être des femmes heureuses, mais qui êtes au fond tous les jours des femmes malheureuses accablées de charges, parce que tôt levée la femme tourne en toupie devant sa garde-robe se demandant quoi porter, non pour se vêtir, non pour se couvrir contre les intempéries mais surtout, quoi porter pour plaire aux hommes, car elle est tenue, elle est obligée de chercher à plaire aux hommes chaque jour.

Vous les femmes à l'heure du repos qui vivez la triste attitude de celle qui n'a pas droit à tous les repos, celle qui est obligée de se rationner, de s'imposer la continence et l'abstinence pour maintenir un corps conforme à la ligne que désirent les hommes.

Vous le soir avant de vous coucher, recouvertes et maquillées sous le poids de ces nombreux produits que vous détestez tant, nous le savons, mais qui ont pour but de cacher une ride indiscrète, malencontreuse, toujours jugée précoce, un âge qui commence à se manifester, un embonpoint qui est trop tôt venu ; vous voilà chaque soir obligées de vous imposer une ou deux heures de rituel pour préserver un atout mal récompensé d'ailleurs par un mari inattentif, pour le lendemain recommencer à peine à l'aube.

Camarades militantes, hier à travers les discours par la Direction de la mobilisation et de l'organisation des femmes et en application du statut général des CDR, le Secrétariat général national des CDR a entrepris avec succès la mise en place des comités, des sous-sections et des sections de l'Union des femmes du Burkina [2]. Le Commissariat politique chargé de l'organisation et de la planification aura la mission de parachever votre pyramide organisationnelle par la mise en place du Bureau national de l'UFB.

Nous n'avons pas besoin d'administration au féminin pour gérer bureaucratiquement la vie des femmes ni pour parler sporadiquement en fonctionnaire cauteleux de la vie des femmes. Nous avons besoin de celles qui se battront parce qu'elles savent que sans bataille, il n'y aura pas de destruction de l'ordre ancien et construction de l'ordre nouveau. Nous ne cherchons pas à organiser ce qui existe, mais bel et bien à le détruire, à le remplacer.

---

2. Les Comités de défense de la révolution (CDR) sont des organisations de masse qui se sont développées après la victoire de la révolution. Ils fonctionnaient dans les quartiers, les villages, les lieux de travail, les institutions scolaires et les unités de l'armée à travers le pays. Les CDR visaient à organiser la participation dans les programmes sociaux du gouvernement révolutionnaire et à impliquer la population dans l'activité politique.

Haut. Réunion d'un Comité de défense de la révolution dans un quartier de Ouagadougou, août 1985. Les CDR visaient à mobiliser les travailleurs, les paysans et les jeunes pour construire ensemble une nouvelle société.
Bas. Germaine Pitroïpa, haut-commissaire de la province du Kouritenga, se prépare en août 1985 à remettre leurs prix aux gagnants d'une course de jeunes handicapés. Sur les 30 hauts-commissaires de province à ce moment de la révolution, 10 sont des femmes.

Le Bureau national de l'UFB devra être constitué de militantes convaincues et déterminées dont la disponibilité ne devra jamais faire défaut, tant l'oeuvre à entreprendre est grande. Et la lutte commence dans le foyer. Ces militantes devront avoir conscience qu'elles représentent aux yeux des masses l'image de la femme révolutionnaire émancipée et elles devront se comporter en conséquence.

Camarades militantes, camarades militants, en changeant l'ordre classique des choses l'expérience fait de plus en plus la preuve que seul le peuple organisé est capable d'exercer le pouvoir démocratiquement. La justice et l'égalité qui en sont les principes de base permettent à la femme de démontrer que les sociétés ont tort de ne pas lui faire confiance au plan politique comme au plan économique. Ainsi la femme exerçant le pouvoir dont elle s'est emparé au sein du peuple est à même de réhabiliter toutes les femmes condamnées par l'histoire. Notre révolution entreprend un changement qualitatif, profond de notre société. Ce changement doit nécessairement prendre en compte les aspirations de la femme burkinabè.

La libération de la femme est une exigence du futur et le futur, camarades, est partout porteur de révolutions. Si nous perdons le combat pour la libération de la femme, nous aurons perdu tout droit d'espérer une transformation positive supérieure de la société. Notre révolution n'aura donc plus de sens. Et c'est à ce noble combat que nous sommes tous conviés, hommes et femmes.

Que nos femmes montent alors en première ligne ! C'est essentiellement de leur capacité, de leur sagacité à lutter et de leur détermination à vaincre que dépendra la victoire finale. Que chaque femme sache entraîner un homme pour atteindre les cimes de la plénitude. Et pour cela que chacune de nos femmes puisse — dans l'immensité de ses trésors d'affection et d'amour — trouver la force et le savoir-faire pour nous encourager quand nous avançons et nous redonner du dynamisme quand nous flanchons. Que chaque femme conseille un homme, que chaque femme se comporte en mère auprès de chaque homme ! Vous nous avez mis au monde, vous nous avez éduqués et vous avez fait de nous des hommes.

Que chaque femme — vous nous avez guidés jusqu'au jour où nous sommes — continue d'exercer et d'appliquer son rôle de mère, son rôle de guide. Que la femme se souvienne de ce qu'elle peut faire, que chaque femme se souvienne qu'elle est le centre de la terre, que chaque femme se souvienne qu'elle est dans le monde et pour le monde, que chaque femme se souvienne que la première à pleurer pour un homme, c'est une femme. On dit et vous le retiendrez, camarades, qu'au moment de mourir, chaque homme interpelle avec ses derniers soupirs une femme : sa mère, sa soeur ou sa compagne.

Les femmes ont besoin des hommes pour vaincre. Et les hommes ont besoin des victoires des femmes pour vaincre. Car, camarades femmes, aux côtés de chaque homme, il y a toujours une femme. Cette main de la femme qui a bercé le petit de l'homme, c'est cette même main qui bercera le monde entier. Nos mères nous donnent la vie. Nos femmes mettent au monde nos enfants, les nourrissent à leurs seins, les élèvent et en font des êtres responsables. Les femmes assurent la permanence de notre peuple. Les femmes assurent le devenir de l'humanité. Les femmes assurent la continuation de notre oeuvre. Les femmes assurent la fierté de chaque homme.

Mères, soeurs, compagnes,

Il n'y a point d'homme fier tant qu'il n'y a point de femme à côté de lui. Tout homme fier, tout homme fort, puise ses énergies auprès d'une femme. La source intarissable de la virilité, c'est la féminité. La source intarissable, la clé des victoires se trouvent toujours entre les mains de la femme. C'est auprès de la femme, soeur ou compagne, que chacun de nous retrouve le sursaut de l'honneur et de la dignité.

C'est toujours auprès d'une femme que chacun de nous retourne pour chercher et rechercher la consolation, le courage, l'inspiration pour oser repartir au combat, pour recevoir le conseil qui tempérera des témérités, une irresponsabilité présomptueuse. C'est toujours auprès d'une femme que nous redevenons des hommes et chaque homme est un enfant pour chaque femme.

Celui qui n'aime pas la femme, celui qui ne respecte pas la femme, celui qui n'honore pas la femme a méprisé sa propre mère. Par conséquent, celui qui méprise la femme méprise et détruit le lieu focal d'où il est issu, c'est-à-dire qu'il se suicide lui-même parce qu'il estime n'avoir pas de raison d'exister, d'être sorti du sein généreux d'une femme. Camarades, malheur à ceux qui méprisent les femmes ! Ainsi à tous les hommes d'ici et d'ailleurs, à tous les hommes de toutes conditions, de quelque case qu'ils soient, qui méprisent la femme, qui ignorent et oublient ce qu'est la femme, je dis : « Vous avez frappé un roc, vous serez écrasés [3]. »

Camarades, aucune révolution — à commencer par notre révolution — ne sera victorieuse tant que les femmes ne seront pas d'abord libérées. Notre lutte, notre révolution sera inachevée tant que nous comprendrons la libération comme celle essentiellement des hommes. Après la libération du prolétaire, il reste la libération de la femme.

---

3. Paroles tirées d'un chant rendu célèbre le 9 août 1956 en Afrique du Sud, lorsque 20 000 femmes dirigées par le Congrès national africain ont protesté contre les lois du régime d'apartheid sur les laissez-passer, qui obligeaient les Noirs à porter en tout temps sur eux une pièce d'identité spéciale. Le 9 août est célébré aujourd'hui comme la journée des femmes sud-africaines.

Camarades, toute femme est la mère d'un homme. Je m'en voudrais en tant qu'homme, en tant que fils, de conseiller et d'indiquer la voie à une femme. La prétention serait de vouloir conseiller sa mère. Mais nous savons aussi que l'indulgence et l'affection de la mère, c'est d'écouter son enfant, même dans les caprices de celui-ci, dans ses rêves, dans ses vanités. Et c'est ce qui me console et m'autorise à m'adresser à vous. C'est pourquoi, camarades, nous avons besoin de vous pour une véritable libération de nous tous. Je sais que vous trouverez toujours la force et le temps de nous aider à sauver notre société.

Camarades, il n'y a de révolution sociale véritable que lorsque la femme est libérée. Que jamais mes yeux ne voient une société, que jamais mes pas ne me transportent dans une société où la moitié du peuple est maintenue dans le silence. J'entends le vacarme de ce silence des femmes, je pressens le grondement de leur bourrasque, je sens la furie de leur révolte. J'attends et espère l'irruption féconde de la révolution dont elles traduiront la force et la rigoureuse justesse sorties de leurs entrailles d'opprimées.

Camarades, en avant pour la conquête du futur.

Le futur est révolutionnaire.

Le futur appartient à ceux qui luttent.

La patrie ou la mort, nous vaincrons !

Le rôle des femmes
dans la révolution démocratique
et populaire

Le poids des traditions séculaires de notre société voue la femme au rang de bête de somme. Tous les fléaux de la société néocoloniale, la femme les subit doublement. Premièrement, elle connaît les mêmes souffrances que l'homme. Deuxièmement, elle subit de la part de l'homme d'autres souffrances.

Notre révolution intéresse tous les opprimés, tous ceux qui sont exploités dans la société actuelle. Elle intéresse par conséquent la femme, car le fondement de sa domination par l'homme se trouve dans le système d'organisation de la vie politique et économique de la société. La révolution, en changeant l'ordre social qui opprime la femme, crée les conditions pour son émancipation véritable.

Les femmes et les hommes de notre société sont tous victimes de l'oppression et de la domination impérialistes.

Extrait du Discours d'orientation politique, présenté par Thomas San-kara au nom du Conseil national de la révolution. Ce texte est devenu le document programmatique fondamental de la révolution.

C'est pourquoi ils mènent le même combat. La révolution et la libération de la femme vont de pair. Et ce n'est pas un acte de charité ou un élan d'humanisme que de parler de l'émancipation de la femme. C'est une nécessité fondamentale pour le triomphe de la révolution. Les femmes portent sur elles l'autre moitié du ciel.

Créer une nouvelle mentalité chez la femme voltaïque qui lui permette d'assumer le destin du pays aux côtés de l'homme est une des tâches primordiales de la révolution. Il en est de même de la transformation à apporter dans les attitudes de l'homme vis-à-vis de la femme.

Jusqu'à présent la femme a été exclue des sphères de décisions. La révolution, en responsabilisant la femme, crée les conditions pour libérer l'initiative combattante des femmes. Le CNR, dans sa politique révolutionnaire, travaillera à la mobilisation, à l'organisation et à l'union de toutes les forces vives de la nation et la femme ne sera pas en reste. Elle sera associée à tous les combats que nous aurons à entreprendre contre les diverses entraves de la société néocoloniale et pour l'édification d'une société nouvelle. Elle sera associée — à tous les niveaux de conception, de décision et d'exécution — à l'organisation de la vie de la nation entière. Le but final de toute cette entreprise grandiose, c'est de construire une société libre et prospère où la femme sera l'égale de l'homme dans tous les domaines.

Cependant, il convient d'avoir une juste compréhension de la question de l'émancipation de la femme. Elle n'est pas une égalité mécanique entre l'homme et la femme, acquérir les habitudes reconnues à l'homme : boire, fumer, porter des pantalons. Ce n'est pas cela l'émancipation de la femme. Ce n'est pas non plus l'acquisition de diplômes qui rendra la femme égale à l'homme ou plus émancipée. Le diplôme n'est pas un laissez-passer pour l'émancipation.

La vraie émancipation de la femme, c'est celle qui responsabilise la femme, qui l'associe aux activités productives, aux différents combats auxquels est confronté le peuple. La vraie émancipation de la femme, c'est celle qui force le respect et la considération de l'homme. L'émancipation tout comme la liberté ne s'octroie pas, elle se conquiert. Et il incombe aux femmes elles-mêmes d'avancer leurs revendications et de se mobiliser pour les faire aboutir.

En cela, la révolution démocratique et populaire créera les conditions nécessaires pour permettre à la femme voltaïque de se réaliser pleinement et entièrement. Car serait-il possible de liquider le système d'exploitation en maintenant exploitées ces femmes qui constituent plus de la moitié de notre société ?

INDEX

71

LIBÉRATION DES FEMMES ET SOCIALISME

La révolution socialiste et la lutte de libération des femmes

Résolution du Parti socialiste des travailleurs (SWP)

Ce document explique la place centrale et le poids de la lutte de libération des femmes dans la ligne de marche de la classe ouvrière vers le socialisme. Le produit d'une discussion et d'un débat international, cette résolution incorpore les expériences de lutte de plusieurs pays. 7 $ US. En français.

L'origine de la famille, de la propriété privée et de l'État

FRIEDRICH ENGELS

Ce livre explique comment l'émergence de la société divisée en classes a entraîné celle d'institutions d'État et de structures familiales répressives qui protègent les biens des couches dominantes et leur permettent de transmettre leur richesse et leurs privilèges. Il examine les conséquences de ces institutions de classe pour ceux qui travaillent, depuis leurs formes initiales jusqu'à leurs versions modernes. 18 $ US. En français et en anglais.

Les cosmétiques, la mode et l'exploitation des femmes

JOSEPH HANSEN, EVELYN REED, MARY-ALICE WATERS

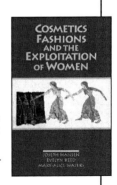

Comment le grand capital joue sur le statut de deuxième classe et l'insécurité sociale des femmes pour vendre des cosmétiques et empocher des profits. L'introduction de Mary-Alice Waters explique comment l'entrée de millions de femmes dans la main-d'oeuvre durant et après la deuxième guerre mondiale a transformé de manière irréversible la société U. S. et jeté les bases pour une nouvelle montée des luttes pour l'émancipation des femmes. 15 $ US. En anglais et en farsi.

www.pathfinderpress.com

Aussi de Pathfinder

LE DÉSORDRE MONDIAL DU CAPITALISME
Jack Barnes

La dévastation sociale et les paniques financières, la vulgarisation de la politique, la brutalité policière et les actes d'agression impérialiste qui s'accélèrent autour de nous — aucune de ces réalités n'est le produit de quelque chose de détraqué dans le capitalisme, mais des lois qui régissent son fonctionnement. Le futur peut cependant être changé par la lutte unitaire et l'action altruiste des travailleurs et des agriculteurs conscients de leur capacité de transformer le monde. 24 $ US. Aussi en anglais et en espagnol.

LE MANIFESTE DU PARTI COMMUNISTE
Karl Marx et Friedrich Engels

Le document fondateur du mouvement prolétarien moderne, publié en 1848. Il explique pourquoi le communisme ne découle pas de principes préconçus, mais de la ligne de marche de la classe ouvrière vers le pouvoir — issue « d'une lutte de classe existante, d'un mouvement historique qui s'opère sous nos yeux. » 5,95 $ US. Aussi en anglais et en espagnol.

CHE GUEVARA : L'ÉCONOMIE ET LA POLITIQUE DANS LA TRANSITION AU SOCIALISME
Carlos Tablada

Puisant abondamment dans les écrits et les discours de Che Guevara sur la construction du socialisme, ce livre examine les relations entre le marché, la planification économique, les stimulants matériels et le travail volontaire. Il explique pourquoi le profit et les autres catégories capitalistes ne peuvent servir à mesurer les progrès accomplis dans la transition au socialisme. 24 $ US. Aussi en anglais et en espagnol.

LE VISAGE CHANGEANT DE LA POLITIQUE AUX ÉTATS-UNIS

LA POLITIQUE OUVRIÈRE
ET LES SYNDICATS

Jack Barnes

Comment construire le type de parti dont les travailleurs ont besoin pour se préparer aux batailles de classe qui viennent, au cours desquelles ils vont forger et renforcer les syndicats tout en se révolutionnant et en révolutionnant la société entière. Voici un guide pour ceux et celles que repoussent les inégalités de classe, le racisme, l'oppression des femmes, la brutalité policière et les guerres propres au capitalisme. Un guide pour ceux et celles qui cherchent la voie de l'action efficace pour renverser ce système d'exploitation et se joindre à la reconstruction du monde sur de nouvelles assises socialistes. 23 $ US. Aussi en anglais et en espagnol.

L'HISTOIRE DE LA RÉVOLUTION RUSSE

Léon Trotsky

La dynamique sociale, économique et politique de la première révolution socialiste, telle que racontée par l'un de ses principaux dirigeants. « L'histoire de la révolution, écrit Trotsky, est pour nous avant tout le récit d'une irruption violente des masses dans le domaine où se règlent leurs propres destinées. » En deux tomes. 29,95 $ US. Aussi en anglais et en russe.

LA LUTTE POUR UN PARTI PROLÉTARIEN

(EXTRAITS)

James P. Cannon

« Les travailleurs de l'Amérique, écrit James P. Cannon, sont assez puissants pour renverser la structure du capitalisme ici et pour soulever le monde entier en se dressant. » À la veille de la deuxième guerre mondiale, un fondateur du mouvement communiste aux États-Unis et un dirigeant de l'Internationale communiste sous Lénine défend le programme et les normes de construction du parti du bolchevisme. 8 $ US. Aussi en anglais et en espagnol.

LA CLASSE OUVRIÈRE ET LA TRANSFORMATION DE L'ÉDUCATION

L'IMPOSTURE DE LA RÉFORME DE L'ÉCOLE SOUS LE CAPITALISME

Jack Barnes

« Jusqu'à ce que la société soit réorganisée de façon à ce que l'éducation soit une activité humaine de notre prime jeunesse à notre mort, il n'y aura pas d'éducation digne de l'humanité travailleuse et créatrice. » 3 $ US. Aussi en anglais, espagnol, farsi, grec, islandais et suédois.

L'IMPÉRIALISME, STADE SUPRÊME DU CAPITALISME

V. I. Lénine

« J'ose espérer, » écrit Lénine au milieu de la première guerre mondiale, « que ma brochure aidera à l'intelligence d'un problème économique capital, sans l'étude duquel il est impossible de rien comprendre à ce que sont les guerres d'aujourd'hui et la politique d'aujourd'hui ; je veux parler de la nature économique de l'impérialisme. » 7,95 $ US. Aussi en anglais et en espagnol.

L'HISTOIRE DU TROTSKYSME AMÉRICAIN, 1928-1938

LE RAPPORT D'UN PARTICIPANT

James P. Cannon

« Le trotskysme n'est pas un nouveau mouvement, une nouvelle doctrine, mais la restauration, la renaissance du marxisme véritable tel qu'il a été exposé et appliqué au cours de la révolution russe et des premiers jours de l'Internationale communiste. » Dans cette série de 12 présentations faites en 1942, James P. Cannon raconte un épisode décisif des efforts déployés pour construire un parti prolétarien aux États-Unis. 22 $ US. Aussi en anglais et en espagnol.

Aussi de **Thomas Sankara**

Thomas Sankara parle
LA RÉVOLUTION AU BURKINA FASO, 1983-1987

Sous la direction de Thomas Sankara, le gouvernement révolutionnaire du Burkina Faso en Afrique de l'Ouest a mobilisé les paysans, les travailleurs, les femmes et les jeunes pour mener des campagnes d'alphabétisation et de vaccination ; creuser des puits, planter des arbres, construire des barrages et des logements ; combattre l'oppression des femmes et transformer les relations d'exploitation à la campagne ; se libérer du joug impérialiste et pratiquer la solidarité internationale. Dans ce recueil de 30 discours et entrevues, Thomas Sankara parle comme un remarquable dirigeant révolutionnaire des travailleurs, des agriculteurs et des jeunes du monde entier. 24 $ US. Aussi en anglais.

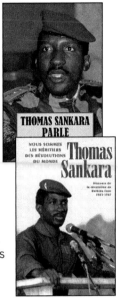

Nous sommes les héritiers des révolutions du monde
DISCOURS DE LA RÉVOLUTION AU BURKINA FASO, 1983-1987

« Notre révolution au Burkina Faso s'inspire de toutes les expériences des hommes depuis le premier souffle de l'humanité. Nous voulons être les héritiers de toutes les révolutions du monde, de toutes les luttes de libération des peuples du tiers monde. Nous tirons les leçons de la révolution américaine. La révolution française nous a enseigné les droits de l'homme. La grande révolution d'octobre a permis la victoire du prolétariat et rendu possibles les rêves de justice de la Commune de Paris. » 10 $ US. Cinq discours extraits de *Thomas Sankara parle.* Aussi en anglais et en espagnol.

Nouvelle Internationale

UNE REVUE DE POLITIQUE ET DE THÉORIE MARXISTES

NOUVELLE INTERNATIONALE Nº 7

LE LONG HIVER CHAUD DU CAPITALISME A COMMENCÉ

Jack Barnes

Et « Leur transformation et la nôtre, » résolution du Parti socialiste des travailleurs Les conflits interimpérialistes qui s'aiguisent aujourd'hui sont alimentés à la fois par le début de ce qui sera des décennies de convulsions économiques, financières et sociales et de batailles de classe, et par le plus important changement dans la politique et l'organisation militaires de Washington depuis l'escalade U. S. qui a conduit à la deuxième guerre mondiale. Les travailleurs ayant un esprit de lutte de classe doivent faire face à ce point tournant pour l'impérialisme et prendre plaisir à projeter un cours révolutionnaire pour y faire face. 16 $ US

NOUVELLE INTERNATIONALE Nº 8

NOTRE POLITIQUE COMMENCE AVEC LE MONDE

Jack Barnes

Les énormes inégalités économiques et culturelles qui existent entre les pays impérialistes et semi-coloniaux et entre les classes de presque tous les pays sont produites, reproduites et accentuées par le fonctionnement du capitalisme. Pour que les travailleurs d'avant-garde puissent construire des partis capables de diriger une lutte révolutionnaire victorieuse dans nos propres pays, dit Jack Barnes, nous devons guider notre activité avec une stratégie visant à combler cet écart.

Contient aussi : « L'agriculture, la science et les classes travailleuses » de Steve Clark ; et « Capitalisme, travail et nature, » un échange entre Richard Levins et Steve Clark. 14 $ US

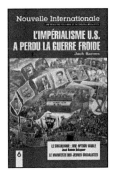

L'IMPÉRIALISME U.S. A PERDU LA GUERRE FROIDE

Jack Barnes

Contrairement aux attentes de l'impérialisme au début des années 90 après l'effondrement des régimes qui prétendaient être communistes en Europe de l'Est et en URSS, les travailleurs et les agriculteurs de ces pays n'ont pas été écrasés. Des relations sociales capitalistes n'y ont pas non plus été stabilisées. Les travailleurs demeurent un obstacle intraitable à tout progrès de l'impérialisme, un obstacle que les exploiteurs devront affronter dans des batailles de classe et la guerre. 15 $ US

LA MARCHE DE L'IMPÉRIALISME VERS LE FASCISME ET LA GUERRE

Jack Barnes

« Il y aura de nouveaux Hitlers et de nouveaux Mussolinis. C'est inévitable. Ce qui n'est pas inévitable, c'est leur victoire. L'avant-garde ouvrière organisera notre classe pour riposter aux conséquences dévastatrices qu'il nous faut payer pour la crise du capitalisme. L'avenir de l'humanité va se décider dans la lutte entre ces forces de classe ennemies. » 16 $ US

LES PREMIÈRES SALVES DE LA TROISIÈME GUERRE MONDIALE

LA GUERRE CONTRE L'IRAK

Jack Barnes

L'attaque meurtrière contre l'Irak en 1990-1991 a annoncé des conflits de plus en plus aigus entre les puissances impérialistes, une instabilité croissante du capitalisme international et plus de guerres.

Contient aussi : « Leçons de la guerre Iran-Irak » de Samad Sharif. 13 $ US